A-Z FOR INTERNATIONAL GCSE FRENCH

DANIÈLE BOURDAIS

ESSENTIAL VOCABULARY ORGANIZED BY TOPIC FOR CAMBRIDGE IGCSE™

Published by Elemi International Schools Publisher Ltd

© Copyright 2024 Elemi International Schools Publisher Ltd

Author: Danièle Bourdais

> **Danièle Bourdais** is an award-winning author of French coursebooks and resources and an experienced tutor. She regularly tutors international students and writes resources to teach and support French at IGCSE and Diploma level. She can be contacted at frenchmatters@outlook.com.

Series Editor: Mary James
Specialist Editors: Jenny Gwynne and Catherine Kaye

The author and publisher would like to acknowledge the very valuable input of Julie Rieu who reviewed and commented on the manuscript. Julie has many years' experience as an IGCSE educator in international schools in Asia, Europe, and the Middle East, and now works in Hong Kong.

First published 2024

All rights reserved. No part of this publication may be copied, reproduced, duplicated, stored in a retrieval system, or transmitted in any form or by any means, without the prior written permission of Elemi International Schools Publisher Ltd, or as permitted by law or by licence. Enquiries about permission for reproduction should be addressed to the publisher.

If you photocopy/scan this book, or if you are given a photocopied/scanned version of this book or any part of it, please be aware that you are denying the author and publisher the right to be appropriately paid for their work.

A catalogue record of this title is available from the British Library
British Library Cataloguing in Publication Data

ISBN 978-1-7394670-2-9

Page layout/design by EMC Design Ltd
Cover design by Elena Spiers

Contents

Theme/topic	Cambridge IGCSE	Page
Introduction		4
1 Personal and social life	✓	5
A Me, my family and my friends	✓	5
B In the home	✓	11
C Leisure and outings	✓	15
D Clothing styles	✓	20
2 Everyday activities	✓	23
A Daily routine	✤	23
B Food and drink	✓	26
C The human body and health	✓	31
3 The world around us	✓	34
A Travel and transport	✓	34
B The natural world and the environment	✓	38
C The built environment	✓	43
4 The world of work	✓	48
A Education	✓	48
B At work	✓	54
C Communications and technology	✓	60
5 The international world	✓	65
A Holidays and travelling: countries, nationalities and languages	✓	65
B Festivals and special occasions: culture, customs, faiths and celebrations	✓	69
C Social and international issues	✤	75
6 Useful words	✓	78
A General vocabulary	✓	78
Greetings	✓	78
Figures and numbers	✓	78
Expressions of quantity	✓	79
Expressions of time	✓	80
People and places	✓	82
Colours, patterns, shapes, materials	✓	83
Parts of the body	✓	84
Idiomatic phrases (with verbs)	✓	85
B For the exam	✓	88
For the oral exam – The roleplay	✓	88
For the oral exam – The conversation	✓	91
For the written exam	✓	91
Notes		94

✤ We have included vocabulary for daily routine and social and international issues to give valuable support for your IGCSE studies and help you make the transition to studying French beyond IGCSE and at IB Diploma level.

Studying French at IGCSE

The IGCSE French Foreign Language programme is a thorough and valuable course which helps you develop your communication skills in French and encourages insight into the cultures of countries where French is spoken.

How this resource can help you

Learning French as part of the IGCSE course involves you working to develop your confidence, so that you can communicate through listening, reading, speaking, and writing. This book provides a core of vocabulary and language, organized to match your IGCSE course. It gives valuable support for any International GCSE course, especially for the Cambridge IGCSE™ examination.

- **Sections 1 to 5** cover the five **themes** of the IGCSE. Each theme is divided into topics, and then sub-topics.
- Each sub-topic is a **question** which you could be asked in the oral exam or which might be addressed as a bullet point in the written exam.
- Possible **answers** you might want to give are modelled, using verbs in the first person (*je*).
- **Sentence starters** are followed by various options, presenting useful vocabulary.
- **Masculine and feminine endings** for adjectives and nouns are shown like this:
    - *petit(e)* – with brackets to indicate an additional ending, so you add the '*e*' for the feminine form: *petite*
    - *sportif(-ive)* – with brackets and a hyphen to indicate an alternative ending, so you remove '*if*' and add '*ive*' for the feminine form: *sportive*.
- Many sentences contain valuable **grammatical and language features** (for example, conjunctions, verb tenses, relative pronouns). The words are in bold red and their equivalent in English is also in **bold**.
- Some sentences have a note in small red type to remind you of the grammar or language point featured.
- The note, "perfect triplets" reminds you to show off the perfect tense, and aim for higher grades in the exam, by using three verbs: one with *avoir*, one with *être*, and a reflexive verb – which also takes *être*.
- Sections 1 to 5 include regular **practice activities** to help you review the vocabulary and adapt it for your own use.
- **Section 6** provides generic language which can relate to any topic, and language to help you prepare for the **role play** and **conversation** in your oral exam (for example, question words, opinion phrases).

This book is a valuable resource but cannot contain every word you might ever need. When your teacher gives you additional words, or through your own reading you come across useful phrases, you might choose to write them into this book, making it your personal vocabulary book.

We wish you the best on your learning journey and, of course, the greatest success in your exams!

Danièle and the team at Elemi

*	higher level: words and phrases that you will find useful if you are aiming for higher exam grades
**	advanced vocabulary and structures to provide a bridge to the IB Diploma Language B programme in French
(fam)	familiar, colloquial vocabulary
(m) (f) (mpl) (fpl)	masculine, feminine, masculine plural, feminine plural
(au Québec) (en Suisse) (en Belgique)	a word used in the French spoken in Quebec, Switzerland, Belgium
Voir 1 B	This connects to some related vocabulary in another section in this book.
[QR code]	On the practice activity pages, scan the QR code with a smartphone to check your answers. Alternatvely, find the answers document on our website: elemi-isp.com/free-downloads/igcse-french-answers.

1 Personal and social life
Vie personnelle et sociale

A Moi, ma famille et mes amis
A Me, my family and my friends

Détails personnels
Personal details

Comment t'appelles-tu?	What's your name?
Comment s'appelle-t-il/elle?	What's his/her name?
Mon/Son prénom, c'est …	My/His/Her first name is …
Mon/Son nom (de famille), c'est …	My/His/Her (family/last) name/surname is …
Mon/Son surnom, c'est …	My/His/Her nickname is …
Je m'appelle Étienne Lanvaux.	My name is Étienne Lanvaux.
Il s'appelle Lucas. Ça s'écrit/s'épelle L-U-C-A-S.	His name is Lucas. It is written/spelled L-U-C-A-S.
Quel âge as-tu/a-t-il/a-t-elle?	How old are you/is he/is she?
J'ai (bientôt) quinze ans (et demi).	I am fifteen (and a half) (soon).
Je **vais avoir** seize ans.	I **am going to be** sixteen.
* Je **viens d'avoir** seize ans.	I **have just turned** sixteen.
* Il **aura** dix ans **dans** deux mois.	He **will be** ten **in** two months' time.
* Elle **a eu** onze ans **il y a** deux semaines.	She **turned** eleven two weeks **ago**.
C'est quand ton/son anniversaire?	When's your/his/her birthday?
Mon anniversaire, c'est le 11 mai.	My birthday is on May 11th.
Je suis né(e) le 11 mai.	I was born on May 11th.
On fête son anniversaire le 28 février.	We celebrate his/her birthday on February 28th.

Détails physiques
Physical descriptions

Tu es/Il est/Elle est comment physiquement?	What are you/is he/is she like physically?
Je suis/Il est/Elle est (assez/très) …	I am/He is/She is (fairly/very) …
… grand(e)/petit(e).	… tall/short.
… jeune/vieux (vieille).	… young/old.
Je me trouve (un peu) trop …	I think I am (a little bit) too …
… joli(e)/beau (belle).	… pretty/beautiful or handsome.
… laid(e)/moche.	… ugly.
Je suis de taille moyenne.	I'm of average height.

comparative

Je suis **aussi** maigre **que** ma mère.	I'm **as** thin **as** my mother.
Il est **moins** gros **que** son frère.	He is **less** fat **than** (or **not as** fat **as**) his brother.
Elle est **plus** mince **qu'**avant.	She is slimm**er than** before.
J'ai/Il a/Elle a les cheveux …	I have/He has/She has …
… blonds/bruns/châtains/noirs/roux/gris/blancs.	… blond/brown/brown/black/ginger/grey/white hair.
… courts/longs/raides/bouclés/frisés/afro/fins/épais.	… short/long/straight/curly/tightly curled/afro/thin/thick hair.
Il est chauve.	He's bald.
Il a une barbe/une moustache.	He has a beard/a moustache.
Elle a la peau claire/mate/foncée.	She has light/olive/dark skin.
J'ai/Il a/Elle a les yeux …	I have/He has/She has …
… bleus/verts/marron/noisette/gris/noirs.	… blue/green/brown/hazelnut/grey/black eyes.

Je porte un appareil auditif/un appareil dentaire/des lunettes/des lentilles/des boucles d'oreilles/des piercings/des tatouages.	I wear hearing aids/braces/glasses/contact lenses/earrings/piercings/tattoos.
On dit que/Je pense que je ressemble à mon père/à ma mère.	People say/I think I look like my father/my mother.

La personnalité / Personality

Quel caractère as-tu/a-t-il/a-t-elle? / What kind of personality do you/does he/does she have?

Je suis …	I am …
Il/Elle a l'air …/semble être … /paraît …	He/She seems …/seems to be …/appears to be …
sympa(thique)/aimable	friendly
optimiste/pessimiste	optimistic, hopeful/pessimistic, negative
agréable/désagréable	pleasant/unpleasant
bête/stupide	silly/stupid
sensible	sensitive
raisonnable	sensible
amusant(e)/marrant(e)/intelligent(e)	amusing/funny/intelligent
énervant(e)/agaçant(e)/méchant(e)	annoying/irritating/nasty
bavard(e)/gourmand(e)	talkative/greedy
réservé(e)/têtu(e)/poli(e)/impoli(e)	reserved/stubborn/polite/impolite
généreux(-euse)/sérieux(-euse)	generous/reliable
paresseux(-euse)/ennuyeux(-euse)	lazy/boring
anxieux(-euse)/curieux(-euse)	anxious/inquisitive
heureux(-euse)/malheureux(-euse)	happy/unhappy
travailleur(-euse)	hard-working
jaloux/jalouse	jealous
actif(-ive)/sportif(-ive)/vif (vive)	active/sporty/lively
fou/folle	mad
gentil/gentille	kind, nice

adverbs of frequency

Il n'est **jamais** triste.	He's **never** sad.
Il est **rarement** satisfait.	He's **rarely** satisfied.
Elle est **parfois** difficile à vivre.	She is **sometimes** difficult to live with.
Elle est **souvent** insupportable.	She's **often** unbearable.
Je suis **toujours** de bonne humeur/de mauvaise humeur.	I am **always** in a good mood/in a bad mood.
Je pense qu'il est/qu'elle est/qu'ils sont …	I think that he is/she is/they are …
… (assez/plutôt) drôle(s) et sociable(s).	… (quite/rather) amusing and sociable.
… (très/vraiment) timide(s)/calme(s).	… (very/really) shy/calm.
Je trouve qu'il a/qu'elle a/qu'ils ont …	I find that he has/she has/they have …
… le sens de l'humour.	… a sense of humour.
… mauvais caractère.	… a bad temper (or is/are bad-tempered).
Sa meilleure qualité/Son pire défaut est qu'il/elle …	His/Her best quality/worst fault is that he/she …

subjunctive

** **Je ne pense pas qu'**il **soit**/qu'elle **soit**/qu'ils **soient** …	**I don't think he is**/she **is**/they **are** …
… très dynamique(s)/particulièrement égoïste(s).	… very dynamic/particularly selfish.
** **Je ne trouve pas qu'**il **ait**/qu'elle **ait**/qu'ils **aient** …	**I don't find he has**/she **has**/they **have** …
… beaucoup de qualités/beaucoup de défauts.	… many qualities/faults.

1A Personal and social life

La famille	Family
Vous êtes combien dans ta famille?	**How many of you are there in your family?**
Dans ma famille, nous sommes xx.	In my family, there are xx of us.
Il y a xx personnes/membres de la famille:	There are xx people/family members:
ma mère/mon père	my mother/my father
ma belle-mère/mon beau-père	my stepmother (or mother-in-law)/my stepfather (or father-in-law)
ma grand-mère/mon grand-père	my grandmother/my grandfather
mes parents/mes grands-parents	my parents/my grandparents
mon oncle/ma tante	my uncle/my aunt
mon cousin/ma cousine	my cousin
mon neveu/ma nièce	my nephew/my niece
Mes parents sont séparés/divorcés/remariés.	My parents are separated/divorced/remarried.
Mon père est veuf./Ma mère est veuve.	My father is a widower./My mother is a widow.
Je vis dans une famille recomposée/monoparentale/homoparentale.	I live in a blended/single-parent/single-sex family.
Tu as des frères et sœurs?	**Do you have brothers and sisters?**
Je n'ai pas de frère ou de sœur.	I don't have a brother or sister.
Je suis l'aîné(e)/le cadet (la cadette).	I am the eldest/the youngest.
J'ai …	I have …
… un (petit/grand) frère/une (petite/grande) sœur.	… a (younger/older) brother/sister.
… un (frère) jumeau/une (sœur) jumelle.	… a twin (brother)/a twin (sister).
qui + verb	
… un frère plus jeune/âgé **qui** s'appelle x.	… a younger/older brother **who** is called x.
… une sœur plus jeune/âgée **qui** a xx ans.	… a younger/older sister **who** is xx years old.
que + subject + verb	
… un demi-frère **que** j'adore.	… a half- (or step)brother **who/whom** I adore.
… une demi-sœur **que** je trouve pénible.	… a half- (or step)sister **who/whom** I find annoying.
Je suis fils/fille unique, mais j'aimerais bien avoir des frères et sœurs.	I'm an only child, but I'd like to have siblings.
Tu as un animal de compagnie?	**Do you have a pet?**
J'ai un lapin blanc qui s'appelle Muso et qui a cinq ans.	I have a white rabbit called Muso who is five years old.
Mon chien, c'est comme un membre de la famille!	My dog is like a member of the family!
Je n'ai pas d'animal, mais j'aimerais bien avoir un chat.	I don't have a pet, but I would like to have a cat.
Je ne peux pas avoir d'animal parce que/qu'…	I can't have a pet because …
… on vit en appartement/on voyage beaucoup/on déménage trop souvent.	… we live in an apartment/we travel a lot/we move house too often.
Quand **j'étais** petit(e), **j'avais** des poissons rouges.	When **I was** little, **I had** goldfish.
J'ai eu un petit chat noir, mais il **est mort**.	**I had** a small white cat, but he **died**.
si + present + future	
* Un jour, **si** c'**est** possible, **j'aurai** un cheval.	One day, **if** it **is** possible, **I will have** a horse.
si + imperfect + present conditional	
* **Si** j'**avais** un jardin, **j'aurais** un chien parce que c'est mon animal préféré!	**If I had** a garden, **I would have** a dog as it's my favourite animal!
si + pluperfect + past conditional	
** Si nous **avions déménagé** moins souvent, **j'aurais eu** un animal.	If we **had moved** less often, **I would have had** a pet.

La famille, c'est important pour toi?	**Is family important for you?**
Pour moi, la famille est/n'est pas essentielle.	For me, family is/isn't essential.
Plus tard, je voudrais …	In the future, I would like …
… me fiancer/me marier/me pacser.	… to get engaged/to get married/to be in a civil partnership.
… avoir un mari/une femme/un(e) partenaire.	… to have a husband/a wife/a partner.
… vivre avec mon compagnon/ma compagne.	… to live with my partner.
… vivre en couple sans être mariés.	… to live as a couple without being married.
… rester célibataire.	… to stay single.
… une famille nombreuse.	… to have a large family.
Mon rêve, c'est d'avoir …	My dream is to have …
… un beau mariage.	… a beautiful wedding.
… un garçon et une fille/un fils et une fille.	… a boy and a girl/a son and a daughter.
… un petit-fils/une petite-fille/des petits-enfants.	… a grandson/a granddaughter/grandchildren.
La famille, c'est là où je me sens bien.	Family is where I feel comfortable.
Pour moi, la famille est une source de conflits.	For me, family is a source of conflicts.
Je pense qu'on doit …	I think you need …
** Je **ne** pense **pas qu'**on **doive** …	** I **don't** think you **need** …
… se marier pour avoir des enfants/être heureux.	… to be married in order to have children/be happy.

Les relations / Relationships

Tu t'entends bien avec ta famille/tes amis?	**Do you get on well with your family/your friends?**
Je m'entends bien avec xx parce que/qu'…	I get on well with xx because …
… il/elle est patient(e)/compréhensif(-ive) avec moi.	… he/she is patient/understanding with me.
… il/elle m'écoute et me comprend.	… he/she listens to me and understands me.
… on se raconte tout.	… we say everything to each other.
… on est inséparables.	… we are inseparable.
Je ne m'entends pas avec xx parce que/qu'…	I don't get on with xx because …
… il/elle est casse-pied.	… he/she is a pest.
… il/elle m'embête/m'énerve.	… he/she annoys me/gets on my nerves.
… il/elle se fâche vite/se met en colère.	… he/she gets angry quickly.
… je le/la trouve trop strict(e).	… I find him/her too strict.
… on se dispute souvent.	… we often argue.
… on n'a rien en commun.	… we have nothing in common.
Mes relations avec mon père sont tendues, **mais** j'ai de bons rapports avec ma mère.	My relationship with my father is strained, **but** I have a good relationship with my mother.
Je ne supporte pas mon petit frère. **Par contre**, je suis très proche de ma sœur.	I can't stand my little brother. **On the other hand**, I'm very close to my sister.
subjunctive	
** **Bien que** mon tuteur/ma tutrice **soit** assez sévère, je m'entends relativement bien avec lui/elle.	** **Although** my guardian **is** fairly strict, I get on relatively well with him/her.

L'amitié, c'est important pour toi?	**Is friendship important for you?**
J'ai un(e) meilleur(e) ami(e). C'est …	I have a best friend. He/She is …
… mon petit copain/ma petite copine.	… my boyfriend/girlfriend.
… mon chum/ma blonde. (*au Québec*)	… my boyfriend/girlfriend.
… un(e) ami(e) d'enfance.	… a childhood friend.
… un(e) voisin(e)/camarade de classe.	… a neighbour/classmate.
J'ai un bon groupe d'amis/de copains/de copines.	I have a good group of friends.
J'ai une bande de potes. (*fam*)	I have a bunch of mates. (*fam*)
Je l'ai rencontré(e) **il y a** deux ans.	I met him/her two years **ago**.
depuis + present tense	
Nous **sommes** amis **depuis** l'école primaire/**depuis** un an.	We **have been** friends **since** primary school/**for** one year.

1A Personal and social life

	depuis que + present tense	
*	Je **sors** avec mon copain/ma copine **depuis que** j'**ai** 14 ans/**depuis que** j'**habite** ici.	I **have been going out** with my boyfriend/girlfriend **since** I **was** 14/**since** I **have been living** here.
	ça fait … que + present tense	
*	**Ça fait** dix ans **que** je le/la **connais**.	I **have known** him/her **for** ten years.
	Je me fais facilement/difficilement de nouveaux amis.	I find it easy/difficult to make new friends.
	En général, je garde/je ne garde pas contact avec mes amis sur les réseaux sociaux.	Generally, I keep/I don't keep in touch with my friends on social networks.
	Je suis loin de mes amis et ils me manquent.	I'm far away from my friends and I miss them.
	J'avais de bons amis, mais on s'est perdu de vue quand j'ai déménagé.	I used to have good friends, but we lost touch when I moved away.
	J'aime bien être avec mes amis, mais j'aime aussi être seul(e).	I like being with my friends, but I also like being alone.
	Comment est l'ami(e) idéal(e)?	**What is the ideal friend like?**
	Pour moi, l'ami(e) idéal(e) est un garçon/une fille/quelqu'un …	For me, the ideal friend is a boy/a girl/someone …
	que + subject + verb	
	… **que** j'aime et **que** j'admire.	… **whom** I love and admire.
	qui + verb	
	… **qui** est loyal et sincère.	… **who** is loyal and sincere.
	… **qui** aime les mêmes choses/**qui** partage les mêmes intérêts que moi.	… **who** likes the same things/**who** shares the same interests as me.
	preposition + qui + subject + verb	
**	… **à qui** je peux tout dire.	… **to whom** I can say anything.
**	… **en qui** j'ai confiance.	… **whom** I can trust.
**	… **sur qui** je peux compter.	… **whom** I can count **on**.
**	… **avec qui** je m'amuse/je rigole/je me sens bien.	… **with whom** I have fun/I have a laugh/I feel comfortable.

Vocabulary practice

1 Personal and social life – Vie personnelle et sociale

A Me, my family and my friends – Moi, ma famille et mes amis

1 Find the words to fill the gaps in Alex's introduction. PAGES 5–6

Bonjour! Je _____ Alex Huytens. Ça _____ H-U-Y-T-E-N-S. J'_____ quinze _____. Mon anniversaire, _____ le 23 juin. Je _____ grand et mince, _____ les cheveux noirs, courts et frisés et les _____ marron. J'ai la _____ foncée. Je _____ un appareil _____ et des _____. On dit que je ressemble _____ mon père.

À vous!
Décrivez-vous ou décrivez un(e) ami(e) ou un membre de votre famille physiquement.

2 Make your top ten list of best qualities and worst faults in friends and family. PAGE 6

Les meilleures qualités	Les pires défauts
Example: amusant(e)	Example: stupide
1) _____	1) _____
2) _____	2) _____
3) _____ etc.	3) _____ etc.

À vous!
Quelles sont vos principales qualités? Et vos défauts? Écrivez un paragraphe.

3 Find the word for the family member described. PAGE 7

Example: C'est la mère de ma mère. = ma grand-mère

a) C'est le frère du fils de mon oncle. = ?
b) C'est la fille de mon frère. = ?
c) C'est la deuxième femme de mon père. = ?
d) C'est le fils de ma belle-mère. = ?

À vous!
Vous avez une grande famille? Décrivez-la.

4 Read each sentence and circle the only bold option that makes sense! PAGE 8

Example: J'ai une famille nombreuse: **je suis fils unique** / **(je suis le cadet de sept enfants)** / **j'ai un frère jumeau**.

a) J'ai une petite sœur qui **j'adore** / **je m'entends bien** / **s'appelle Alice**.
b) Je m'entends bien avec mes parents car **on se dispute souvent** / **on se comprend** / **ils sont casse-pied**.
c) Avec mon frère, **j'ai de bon rapports** / **les relations sont tendues** / **je m'entends bien** vu qu'il est insupportable.
d) J'aimerais être enfant unique parce que **je déteste être seul** / **mes frères et sœurs m'énervent** / **je voudrais un frère avec qui m'amuser**.
e) Mon père peut avoir très mauvais caractère de temps en temps, **et** / **mais par contre** / **bien** nous sommes très proches.

À vous!
On se dispute souvent chez vous? Pourquoi (pas)?

5 Match the beginning and end of each sentence describing a friend. PAGES 8–9

A) Ma meilleure amie est quelqu'un **que**
B) J'ai un petit ami avec **qui**
C) Mon meilleur ami, c'est un garçon sur **qui**
D) Ma petite copine, c'est une fille à **qui**
E) C'est toujours mon meilleur copain **qui**

a) je raconte tous mes problèmes!
b) je compte pour m'aider quand ça ne va pas.
c) me fait rigoler quand je suis triste.
d) je connais depuis que je suis enfant.
e) je sors depuis un an.

À vous!
Quelles sont les qualités de votre meilleur(e) ami(e)?

1 Personal and social life
Vie personnelle et sociale

B À la maison | B In the home

Où habites-tu?	Where do you live?
J'habite/Je vis dans …	I live in …
… une (petite/grande/jolie/belle) maison	… a (small/large/pretty/beautiful) house
… une maison (individuelle/mitoyenne)	… a (detached *or* family/semi-detached *or* duplex) house
… un appartement (en duplex)	… an apartment *or* flat (*or* a maisonette)
qui est situé(e) …	which is located …
… au centre-ville/à l'extérieur de la ville/en banlieue	… downtown/outside town/in the suburbs
… à la campagne/au bord de la mer/à la montagne	… in the countryside/by the sea/in the mountains
… dans un bâtiment moderne/ancien	… in a modern/old building
… au premier/deuxième/33ème étage	… on the first/second/33rd floor
… dans un immeuble/une tour/un gratte-ciel	… in an apartment block/a high-rise/a skyscraper
… dans un quartier ancien/nouveau/résidentiel	… in an old/new/residential neighbourhood *or* area
… dans une résidence	… in a residence *or* a community *or* an apartment building/complex
depuis que + present tense	
* Ma famille et moi vivons ici **depuis que** je **suis** petit(e)/**depuis que** j'**ai** 15 ans.	My family and I have lived here **since** I **was** little/since I **was** 15.
* Avant nous avions une maison, mais **depuis que** nous **sommes** ici, nous **vivons** dans un appartement.	We used to have a house, but **since** we **have been** here, we'**ve been living** in an apartment.
C'est comment, chez toi?	What is it like at your home?
Chez moi/À la maison, il y a/nous avons xx pièces.	At home, there are/we have xx rooms.
Au rez-de-chaussée/Au premier étage/Au sous-sol, il y a …	On the ground floor/On the first floor/In the basement, there is …
… une entrée/un couloir	… an entrance/a hallway
… un salon/une salle à manger/un séjour	… a sitting room/a dining room/a living room
… une cuisine	… a kitchen
… une salle de bains (privée)/une douche	… a (private) bathroom/a shower
… des toilettes/des WC	… a toilet/a WC
… une chambre (à coucher)	… a bedroom
… une salle de jeux	… a games room
… une bibliothèque	… a library
… un balcon/une véranda/une terrasse (sur le toit)	… a balcony/a veranda/a (roof) terrace
… un grenier/une cave/un garage	… an attic/a cellar/a garage
… une salle de sport/une piscine/un court de tennis	… a gym/a swimming pool/a tennis court
… un jardin privé/communal	… a private/communal garden
J'adore ma maison car elle est immense et confortable.	I love my house because it's huge and comfortable.
Maintenant, nous louons une jolie villa traditionnelle.	Now we rent a pretty, traditional villa.
Mes parents ont acheté un magnifique appartement (de luxe).	My parents bought a magnificent (luxury) apartment.
Là où j'habitais avant, c'était dans un **bel**/**nouvel**/**vieil** immeuble.	Where I used to live before was in a **fine**/**new**/**old** building.
Nous allons bientôt déménager dans une résidence.	We're going to move soon, into a housing estate.

Comment est ta chambre?	What's your bedroom like?
J'ai ma propre chambre/Je partage ma chambre avec mon frère/ma sœur.	I have my own room/I share my room with my brother/my sister.
prepositions of place	
Ma chambre est **en face de la** chambre de mes parents/**à côté du** salon/**près des** escaliers/**entre** la salle de bains et le bureau.	My bedroom is **opposite** my parents' bedroom/**next to** the living room/**near** the stairs/**between** the bathroom and the study.
Dans ma chambre, j'ai …/il y a …	In my room, I have …/there is (are) …
… une fenêtre/un balcon/une porte	… a window/a balcony/a door
… des meubles (en bois)	… (wooden) furniture
… un lit/une chaise/un fauteuil/un sofa	… a bed/a chair/an armchair/a sofa
… une armoire/une commode/des étagères/un placard	… a wardrobe/a chest of drawers/some shelves/a cupboard
… un bureau/une table (de chevet)/une lampe (de chevet)	… a desk/a (bedside) table/a (bedside) lamp
… des affiches (*ou* posters) au mur/des tableaux/des coussins/des livres	… posters on the wall/pictures/cushions/books
… un réveil/une radio/une télé(vision)/un ordinateur	… an alarm clock/a radio/a television/a computer
J'adore/Je déteste ma chambre parce qu'elle est confortable/trop petite.	I love/I hate my bedroom because it is comfortable/too small.
Je trouve ma chambre très agréable/très cosy.	I think my room is very pleasant/very cosy.
* **Ce qui** me plait dans ma chambre, c'est qu'elle est grande et claire.	**What** is good about my bedroom is that it's big and bright.
* **Ce que** je n'aime pas dans ma chambre, c'est qu'elle est petite et sombre.	**What** I don't like about my bedroom is that it's small and dark.
** **Ce dont** j'ai besoin dans ma chambre, c'est de la moquette/c'est un tapis sur le plancher.	**What** I need in my bedroom is some carpet/a rug on the floor.
Comment serait ta maison idéale?	What would your ideal house be like?
Ma maison idéale **serait** moderne et confortable.	My ideal home **would be** modern and comfortable.
Dans la maison de mes rêves, **il y aurait** un grand jardin avec une pelouse, des arbres, des plantes et des fleurs.	In my dream home, **there would be** a big garden with a lawn, trees, plants and flowers.
* **Si** c'**était** possible, j'**habiterais** une villa isolée au bord de la plage.	**If** it **was** possible, I **would live** in a secluded villa by the beach.
Que fais-tu pour aider aux tâches ménagères?	What do you do to help with housework?
Pour aider à la maison, …	To help around the house, …
… je range ma chambre/je passe le balai/je passe la serpillière.	… I tidy my room/I sweep/I mop the floor.
… je nettoie le four/le four à micro-ondes/le frigo/la cuisinière/le barbecue.	… I clean the oven/the microwave oven/the fridge/the stove/the barbecue.
… je vide le lave-vaisselle/le lave-linge *ou* la machine à laver.	… I empty the dishwasher/the washing machine.
… je lave la voiture.	… I wash the car.
… je recycle/je trie les déchets.	… I recycle/I sort the rubbish.
… je m'occupe de mes frères et sœurs.	… I look after my brothers and sisters.
Ça ne me dérange pas de …/Je ne supporte pas de …	I don't mind …/I can't stand …
… faire la lessive/le repassage.	… doing the washing/the ironing.
Mon job, c'est de donner à manger aux poissons rouges.	My job is to feed the goldfish.
Personnellement, j'aime assez faire la cuisine mais je déteste faire la vaisselle.	Personally, I quite like cooking, but I hate washing up.

	Quand j'ai le temps, je mets le couvert et je débarrasse la table.	When I have time, I set the table and clear the table.
	Tous les jours, je fais mon lit et je sors la poubelle.	**Every day,** I make my bed and take out the rubbish.
	Une fois par semaine, je nettoie la salle de bains/la douche/les toilettes.	**Once a week,** I clean the bathroom/shower/toilet.
	De temps en temps, je fais les courses et je prépare le diner/je fais à manger.	**From time to time,** I do the shopping and make dinner/I prepare food.
	Je **n'**aide **pas souvent** à la maison parce que **c'**est ma mère/mon père/l'homme *ou* la femme de ménage qui fait le ménage.	I do **not often** help out around the house because it is my mother/my father/the cleaner who does the cleaning.
	Je **ne** fais **jamais** de corvée ménagère, vu que je n'ai pas le temps/nous avons une femme *ou* un homme de ménage.	I **never** do any chores since I don't have the time/we have a cleaner.

si + present + future

	Le weekend prochain, **si** je **peux**, je **ferai** les courses et je préparerai le repas.	Next weekend, **if** I **can**, I **will do** the shopping and prepare the meal.

si + imperfect + conditional

*	**Si** j'**avais** plus de temps, je **rangerais** plus souvent ma chambre/l'appartement.	If I **had** more time, I **would tidy** my room/the apartment more often.

subjunctive

**	Mes parents **veulent que** je **fasse** mon lit et **que** je **mette** de l'ordre dans ma chambre.	My parents **want** me **to make** my bed and **to tidy** my room.
**	Pour gagner de l'argent de poche, **il faut que** je **fasse** du jardinage.	To earn pocket money, I **have to do** some gardening.
*	Avant, j'aidais à la maison **en passant l'aspirateur** mais maintenant, je n'ai plus le temps.	I used to help out around the house **by vacuuming**, but now I don't have the time.

Vocabulary practice

1 Personal and social life – Vie personnelle et sociale
B In the home – À la maison

1 Untangle this conversation! Rewrite it first in English, then in French. **PAGE 11**

– **J'habite** in a house **qui est** situated **dans une résidence** outside town. **Nous vivons là** since I was 12 ans. Et toi?

– **Moi, depuis que** I was small, we live **dans un** modern apartment **au cinquième** floor in a high-rise which is **située** in a residential area **au centre-ville**.

2 Match the beginnings and endings to create opinions about a house/apartment/bedroom that make sense. **PAGE 12**

A) Ce que j'aime dans ma maison, c'est
B) Ma maison ne me plaît pas parce qu'
C) J'adore mon appartement, car
D) Ma chambre me plaît vu que
E) J'habite ma maison idéale puisqu'

a) il est au dernier étage et la vue est magnifique.
b) il y a beaucoup de pièces, un grand jardin et une piscine!
c) surtout le grand séjour et la cuisine moderne.
d) le lit est confortable et il y a une grande armoire.
e) elle est vieille et beaucoup trop isolée pour moi.

> **À vous!**
> Aimez-vous votre maison/votre appartement? Pourquoi ou pourquoi pas?

3 Find a verb or expression that means the same as each of these household tasks. **PAGES 12–13**

a) laver le linge
b) repasser les vêtements
c) mettre de l'ordre
d) acheter les aliments pour le repas
e) préparer le repas
f) laver les couverts après le repas

> **À vous!**
> Qui fait quoi chez vous? Que faites-vous pour aider?
> • toujours • souvent • de temps en temps
> • rarement • jamais

1 Personal and social life
Vie personnelle et sociale

C Loisirs et sorties | C Leisure and outings

À la maison | At home

Que fais-tu pendant ton temps libre? | **What do you do in your free time?**

Pendant mon temps libre/mes loisirs, j'aime/j'adore …	In my free time/my leisure time, I like/love …
Quand je suis libre/j'ai du temps libre, j'aime surtout …	When I am free/I have free time, I especially like …
Mon passe-temps préféré/favori, c'est …	My favourite hobby/pastime is …
… lire un livre/un magazine/des BD	… reading a book/magazine/comics
… écrire mon journal intime	… writing in my diary
… écouter de la musique/chanter	… listening to music/singing
… regarder la télé/un film/une série/un documentaire	… watching TV/a movie/a series/a documentary
… bricoler/le bricolage/faire du bricolage	… doing crafts
… tricoter/le tricot/faire du tricot	… knitting
… peindre/la peinture/faire de la peinture	… painting
… dessiner/le dessin/faire du dessin	… drawing
… prendre des photos/la photographie	… taking photos/photography
… discuter/tchatter avec mes amis en ligne	… chatting with friends online
… aller sur les réseaux sociaux	… going on social networks

jouer + à + board games/video games

… jouer à des jeux de société/aux cartes/aux échecs	… playing board games/cards/chess
… jouer à des jeux vidéo/à des jeux en ligne/à l'ordinateur/à la console de jeux	… playing video games/online games/computer games/on the games console

jouer + de + instrument

… jouer du piano/du violon/du violoncelle/du saxo	… playing the piano/the violin/the cello/the saxophone
… jouer de la guitare/de la batterie/de la flûte/de la clarinette/de la trompette	… playing the guitar/drums/flute/clarinet/trumpet
… jouer de l'alto/de l'orgue	… playing the viola/organ
… jouer des percussions	… playing the percussion
J'aime jouer de mon instrument dans l'orchestre, mais par contre, je n'aime pas m'entrainer tous les jours!	I like playing my instrument in the orchestra, but I don't like practising every day!

Le sport | Sports

Qu'est-ce que tu aimes comme sport? | **What kind of sports do you like?**

J'adore faire du sport. J'aime surtout le ski/la natation/l'escalade.	I love doing sport. I especially like skiing/swimming/climbing.
Je fais du tennis, mais j'aimerais faire du badminton.	I play tennis, but I would like to play badminton.

faire + de + individual sport

faire du ski (nautique)/skier	to go (water)skiing/to ski
faire du judo/du karaté/du yoga	to do judo/karate/yoga
faire du vélo/du cyclisme/du VTT	to ride a bike/go cycling/mountain biking
faire du skate/du patinage (sur glace)/du patin (à roulettes) *ou* du roller	to go skateboarding/ice skating/roller skating
faire du surf/du tir à l'arc	to do surfing/archery
faire de la natation/nager	to go swimming/to swim
faire de la voile/de la planche à voile/de la plongée (sous-marine)	to go sailing/windsurfing/(deep-sea) diving
faire de la gymnastique/de la musculation	to do gymnastics/weight training
faire de la danse/de la marche/de la course (à pied)/du footing	to go dancing/walking/running/jogging
faire de l'alpinisme/de l'escalade	to go mountaineering/climbing
faire de l'athlétisme/de l'équitation/de l'escrime	to do athletics/horse riding/fencing

jouer + à + ball game

jouer au foot(ball)/au rugby/au hand(ball)	to play football/rugby/handball
jouer au basket(ball)/au volley(ball)/au tennis/au golf	to play basketball/volleyball/tennis/golf
jouer à la crosse/à la pétanque	to play lacrosse/pétanque

Le weekend / At the weekend

Que fais-tu en général le weekend (pour te détendre)?
What do you generally do at the weekend (to relax)?

Le weekend/Le vendredi (matin)/Le samedi (après-midi)/Le dimanche (soir), …	At the weekend/On Fridays (in the morning)/On Saturdays (in the afternoon)/On Sundays (in the evening), …
… je m'entraine pour les compétitions de tennis.	… I train for tennis competitions.
… j'ai des matchs de basket.	… I have basketball matches.
… je fais partie d'une équipe/d'un club.	… I'm part of a team/club.
… j'ai mon cours de (musique).	… I have my (music) lesson.
… je participe à un atelier artistique.	… I take part in an art workshop.

ce que + subject + verb

* **Ce que** je préfère faire, c'est aller à la piscine/à la salle de gym/à la salle de musculation/au stade/au gymnase/au centre sportif. — **What** I prefer is to go to the swimming pool/the gym/the fitness room/the stadium/the gymnasium/the sports centre.
* **Ce que** j'aime le plus, c'est aller à la pêche/pêcher. — **What** I like most is going fishing.

ce qui + verb

* **Ce qui** me plait le plus pendant mes loisirs, c'est faire des promenades/me promener. — **What** I like best in my leisure time is to go on walks/walking.
* **Ce qui** m'intéresse le plus quand j'ai du temps libre, c'est … — **What** interests me most when I have free time is …
  - … aller au cinéma voir un film. — … going to the cinema to see a movie.
  - … aller au théâtre voir une pièce/une comédie musicale. — … going to the theatre to see a play/a musical.
  - … aller à un concert/un festival de musique/un spectacle. — … going to a concert/a music festival/a show.

1C Personal and social life

Pourquoi (ou pourquoi pas)?	Why (or why not)?
(Parce que) ça me détend/ça me relaxe/ça me décontracte.	(Because) it relaxes me.
Ça m'intéresse/Ça me passionne.	It interests me/It fascinates me.
Ça me fait du bien/Ça me maintient en forme.	It's good for me/It keeps me fit.
Je trouve ça passionnant.	I find it fascinating.
Je pense que c'est amusant/divertissant.	I think it is amusing/entertaining.
Ça ne m'intéresse pas.	It doesn't interest me.
Ça ne me dit rien.	It doesn't appeal to me.
Ça m'ennuie./Ça m'énerve.	It bores me/It annoys me.
Je trouve ça ennuyeux/énervant.	I find it boring/annoying.
Je trouve que c'est une perte de temps.	I think it is a waste of time.

Qu'as-tu fait le weekend dernier?	What did you do last weekend?
Vendredi/Samedi/Dimanche dernier, …	Last Friday/Saturday/Sunday, …
Quand j'ai fini/**Une fois que** j'ai fini mes devoirs, …	**When** I finished/**Once** I finished my homework, …
Après avoir fini mes devoirs, …	**After finishing** my homework, …
Comme il faisait beau/Comme il pleuvait, …	As the weather was nice/As it was raining, …
Comme il faisait chaud, …	As the weather was hot, …
… je suis allé(e) en ville.	… I went into town.
… je suis sorti(e) avec mon meilleur ami/ma meilleure amie.	… I went out with my best friend.
… j'ai retrouvé mes copains/copines au parc.	… I met up with my friends at the park.
… j'ai fait du shopping avec ma mère.	… I went shopping (or to the mall) with my mum.
… je me suis reposé(e) devant la télé.	… I relaxed in front of the TV.

"perfect triplets"
Je suis allé(e) à la maison des jeunes et j'ai participé à des activités culturelles. Je me suis bien/beaucoup amusé(e).	I went to the youth centre and took part in cultural activities. I had a lot of fun.

"perfect triplets"
Je suis resté(e) à la maison et j'ai fait mes devoirs. Je me suis ennuyé(e).	I stayed at home and did my homework. I got bored.

"perfect triplets" + imperfect
Ma famille et moi sommes allé(e)s au restaurant et nous y avons mangé un repas italien. C'était délicieux et nous nous sommes régalé(e)s!	My family and I went to a restaurant and had an Italian meal there. It was delicious and we had a great time!

"perfect triplets" + imperfect
Je suis allé(e) dans un refuge animalier, **où** j'ai fait du bénévolat. Je me suis occupé(e) des animaux et c'était passionnant.	I went to an animal shelter, **where** I did some voluntary work. I looked after the animals and it was fascinating.

si + pluperfect + past conditional
** **Si** j'**avais eu** plus de temps/moins de devoirs, j'**aurais sorti** mon chien au parc.	If I **had had** more time/less homework, I **would have taken** my dog to the park.
** **Si** j'**avais pu**, je **serais passé(e)** voir mes grands-parents.	If I **had been able to**, I **would have gone** to see my grandparents.
** **Si** elle **avait pu**, mon amie **serait venue** et on **se serait relaxé(e)s** en regardant un film.	If she **had been able to**, my friend **would have come over** and we **would have relaxed** by watching a movie.

Que vas-tu faire le weekend prochain?	What are you going to do next weekend?
Vendredi/Samedi/Dimanche prochain, …	Next Friday/Saturday/Sunday, …

near future

… je **vais aller** à mon entrainement de foot.

… I **am going to go** to football (*or* soccer) training.

… avec mes parents, nous **allons rendre visite** à ma grand-mère.

… my parents and I **are going to visit** my grandmother.

quand + future + future

* Quand je **finirai** mes devoirs, je **sortirai** avec mes amis.

When I **finish** my homework, I **will go out** with my friends.

si + present + future

* Si c'**est** possible/Si je **peux**/S'il **fait** beau/ S'il ne **pleut** pas, je **me reposerai/relaxerai** dans le jardin.

If it **is** possible/If I **can**/If the weather **is** fine/If it **is** not raining, I **will rest/relax** in the garden.

si + imperfect + conditional

* Si c'**était** possible/Si je **pouvais**/S'il **faisait** beau, je **me promènerais** au bord de la mer.

If it **was** possible/If I **could**/If the weather **was** fine, I **would go for a walk** by the sea.

Invitations

Invitations

Tu es libre/Vous êtes libre(s) ce soir/demain après-midi/ce weekend?	Are you free tonight/tomorrow afternoon/this weekend?
(Est-ce que) tu voudrais/tu aimerais/vous voudriez/vous aimeriez sortir en ville avec moi?	Would you like to go out into town with me?
On pourrait aller voir un film/manger quelque chose.	We could go and see a movie/eat something.
Ça te/vous dirait de faire une balade/une promenade?	Would you like to go for a walk?
Si on allait au centre commercial?	How about going to the shopping centre (*or* mall)?

Accepter ou refuser une invitation

Accepting or declining an invitation

D'accord, je veux bien.	OK, I'd like that.
(Très) bonne idée, allons-y!	Great idea, let's go!
Oui, on se retrouve où?	Yes, where shall we meet?
Rendez-vous à xx heures devant le cinéma/le café.	Let's meet at xx o'clock in front of the cinema/café.
Ça dépend.	It depends.
Comme tu veux/vous voulez.	If you want./Up to you.
Ça m'est égal.	I don't mind.
Ah désolé(e), je ne peux pas/je ne suis pas libre.	Oh I'm sorry, I can't/I'm not free.
Je regrette, mais je suis occupé(e). Une prochaine fois?	I'm sorry, but I'm busy. Another time?
Merci, mais ça ne me dit rien.	Thank you, but I don't feel like it.

Vocabulary practice

1 Personal and social life – Vie personnelle et sociale
C Leisure and outings – Loisirs et sorties

1 On each line, strike through two of the options, to make two correct sentences about leisure interests. **PAGE 15**

a) Je joue à	la pétanque	l'athlétisme	la guitare	la crosse
b) J'adore faire du	football	tricot	piano	sport
c) Le samedi après-midi, je joue	de la flute	du judo	sur l'ordinateur	des jeux de société
d) Quand j'ai le temps, je vais à la	pêche	piscine	centre commercial	stade

> **À vous!**
> Quels sont vos passe-temps?

2 Guess the sporting activity associated with each place. (There might be several possibilities!) **PAGE 16**

Pour faire ce sport, je vais …
a) à la piscine
b) au stade avec mon équipe
c) dans un centre équestre
d) dans une salle de gym
e) au bord de la mer

> **À vous!**
> Quels sports pratiquez-vous?

3 Create two lists of opinions explaining why someone likes or dislikes things. Use these expressions: **PAGE 17**

☺
ça me …
je trouve ça …
je pense/je crois que c'est …

☹
ça …
je trouve ça …
je pense/je crois que c'est …

> **À vous!**
> Avez-vous des activités le weekend? Vous les aimez ou pas? Pourquoi?

4 Match the beginnings and endings of sentences about past, present and future weekend activities. (Take care with verb tenses!) **PAGES 17–18**

A) Le samedi matin, même s'il pleut,
B) Dimanche dernier, comme il faisait beau,
C) Si j'avais plus de temps,
D) S'il fait beau samedi prochain,
E) Vendredi soir, quand je finirai tout mon travail,
F) Le weekend dernier, si j'avais pu,

a) je regarderai la télé pour me relaxer.
b) j'irai promener mon chien au parc le matin.
c) je vais au stade pour mon entrainement de rugby.
d) j'irais plus souvent au cinéma avec mes amis.
e) je serais allé(e) voir mes grands-parents.
f) je suis sorti(e) et j'ai retrouvé des amis en ville.

> **À vous!**
> Racontez un weekend mémorable, ou vos projets pour un weekend à venir.

5 Fill in the blanks in each conversation with a suitable expression so that it makes sense. **PAGE 18**

a) Ça te dirait d'aller au cinéma ce soir?
___
Ah dommage. Une prochaine fois peut-être!

b) Et si on allait au centre sportif demain soir?
___
Parfait. On s'y retrouve à 18 heures!

c) Tu voudrais faire une promenade?
___
Super! Alors, rendez-vous au parc.

d) Tu es libre ce weekend? On pourrait sortir en ville.
___
Ah, alors peut-être le weekend prochain!

1 Personal and social life
Vie personnelle et sociale

D Styles vestimentaires / Clothing styles

Qu'est-ce que tu portes comme vêtements généralement?	What sort of clothes do you normally wear?
En général, je porte …	Generally, I wear …
À la maison, j'aime (bien) mettre …	At home, I like to wear …
Pour sortir avec ma famille/mes amis …	To go out with my family/my friends …
Quand il fait beau/chaud, je mets …	When it's sunny/hot, I wear …
Quand il pleut/Quand il fait froid, je choisis …	When it rains/When it's cold, I choose …
… un pantalon/un jean/un short/un caleçon/un jogging/un survêt(ement)/un pyjama	… trousers (or pants)/jeans/shorts/leggings/jogging pants/a tracksuit/pyjamas
… une chemise/une chemisette/un t-shirt/un haut/un débardeur	… a shirt/a short-sleeved shirt/a t-shirt/a top/a top
… une jupe/une robe	… a skirt/a dress
… un pull/un gilet/un sweatshirt/une veste/un manteau	… a jumper (or sweater)/a cardigan/a sweatshirt/a jacket/a coat
… des chaussures/des baskets/des sandales/des bottes/des tongs	… shoes/trainers (or sneakers)/sandals/boots/flip-flops (or thongs)
… des vêtements modestes/pratiques/confortables/de sport	… modest/practical/comfortable/sports clothes
… des habits à la mode	… fashionable clothes
J'aime particulièrement les vêtements …	I particularly like clothes …
… en coton/en lin/en laine/en cuir/en lycra/en velours/en soie	… (made of) cotton/linen/wool/leather/lycra/velvet/silk
Je m'habille généralement de façon décontractée/habillée.	I usually dress casually/smartly.
J'aime bien mettre des vêtements élégants pour sortir.	I like to wear smart clothes when I go out.
Dans ma culture/Dans ce pays, nous portons des vêtements modestes/des vêtements qui respectent la culture locale.	In my culture/In this country, we wear modest clothing/clothes which respect the local culture.
Dans ma famille, on porte une tenue traditionnelle/le costume national pour les fêtes.	My family wears traditional dress/the national costume for special occasions.
Hier, pour aller à une fête, j'ai mis ma tenue préférée: mon jean, un t-shirt blanc, mon blouson en cuir et mes baskets.	Yesterday, to go out to a party, I wore my favourite outfit: my jeans, a white t-shirt, my leather jacket and my trainers.
Quels sont tes accessoires préférés?	What are your favourite accessories?
J'aime mettre/prendre …	I like to wear/take …
Je ne sors jamais sans …	I never go out without …
… mes bijoux/mes boucles d'oreilles/mon collier/ma montre	… my jewellery/my earrings/my necklace/my watch
… mon chapeau/ma casquette/mes lunettes de soleil	… my hat/my cap/my sunglasses
… mon sac (à main)/mon sac à dos	… my (hand)bag (or purse)/my backpack
… mes écouteurs/mon casque	… my earphones/my headphones
… une écharpe/un foulard/un voile	… a scarf/a headscarf/a hijab
… un parapluie	… an umbrella

1D Personal and social life

Portes-tu un uniforme scolaire? Qu'en penses-tu?	Do you wear a school uniform? What do you think of it?
Dans mon école, l'uniforme est obligatoire/on ne porte pas d'uniforme.	At my school, uniform is compulsory/we don't wear uniform.
On doit porter des chaussures noires, un pantalon gris ou une jupe grise, une chemise blanche, une cravate et un blazer avec l'écusson de l'école.	You have to wear black shoes, grey trousers or a grey skirt, a white shirt, a tie and a blazer with the school badge.
Personnellement, je trouve que l'uniforme scolaire est une bonne chose parce que c'est plus égalitaire.	Personally, I think the school uniform is a good thing because it is more egalitarian.
Je suis pour l'uniforme parce que c'est élégant/pratique/l'emblème de mon école.	I'm in favour of the uniform because it's smart/practical/the emblem of my school.
Moi, je suis contre l'uniforme parce que je voudrais porter ce que je veux/porter mes propres vêtements qui font partie de mon identité.	I'm against the uniform because I want to wear what I want/wear my own clothes which are part of my identity.
Même si l'uniforme n'est pas très beau, je suis pour parce qu'on est tous habillés pareil.	Even if the uniform isn't very nice, I'm in favour of it because we all dress the same.
Même si je sais pourquoi on doit porter l'uniforme, je le trouve ridicule et démodé.	Even if I know why we have to wear the uniform, I think it's ridiculous and old-fashioned.

subjunctive

** **Bien que** l'uniforme ne **soit** pas très joli/confortable, je suis pour parce qu'il masque les différences. — **Although** the uniform **is** not very pretty/comfortable, I'm in favour of it because it hides differences.

** **Bien que** je **sache** pourquoi on doit porter l'uniforme, je le trouve laid/inconfortable. — **Although I know** why we have to wear the uniform, I think it's ugly/uncomfortable.

Vocabulary practice

1 Personal and social life – Vie personnelle et sociale

D Clothing styles – Styles vestimentaires

1 Fill in the missing vowels in these items of clothing. **PAGE 20**

   a) Ma tenue préférée quand il fait chaud,

   c'est un h __ t __ n l __ n,

   un sh __ rt,

   des s __ nd __ l s __ n c __ __ r.

   Je prends un g __ l __ t pour le soir

   et un bl __ __ s __ n s'il pleut.

   b) Ma tenue préférée quand il fait froid,

   c'est une ch __ m __ s __ __ n c __ t __ n,

   un p __ ll __ n l __ __ n __ ,

   un p __ nt __ l __ n __ n v __ l __ __ rs,

   de gr __ ss __ s ch __ ss __ tt __ s,

   un bl __ __ s __ n __ n c __ __ r,

   des b __ tt __ s et, bien sûr, une __ ch __ rp __ .

   À vous!
   Quelle est votre tenue préférée? Pour sortir? À la maison?

2 First, complete each sentence with a word from pages 20 and 21.
Then sort a–f into the three categories: for, against, or no opinion. **PAGE 21**

   a) Dans mon école, je dois porter un uniforme parce que c'est _____.
   b) Moi, je préférerais porter mes _____ vêtements pour aller au collège, car ils font partie de mon identité.
   c) Personnellement, je trouve l'uniforme _____ parce que nous portons tous la même chose, sans différences.
   d) On porte un pantalon et une jupe avec une _____ blanche ou bleue et un blazer.
   e) Je pense que l'uniforme est trop _____ : j'ai froid en hiver et chaud en été.
   f) Pour moi, l'uniforme est très _____ parce que je n'ai pas à choisir mes vêtements le matin.

POUR	CONTRE	PAS D'OPINION

À vous!
Vous êtes pour ou contre l'uniforme scolaire?

2 Everyday activities
La vie de tous les jours

A Les habitudes quotidiennes | A Daily routine

Que fais-tu le matin avant d'aller à l'école/au collège/au lycée?	What do you do in the morning before going to school?
Je me réveille à xx heures.	I wake up at xx o'clock.
Je me lève à xx heures.	I get up at xx o'clock.
Je me prépare.	I get ready.

sequencers

D'abord, je fais ma toilette/Je me lave/Je me douche.	**First,** I wash/I bathe/I shower.
Après, je me coiffe/je me peigne.	**Afterwards,** I do my hair/I comb my hair.
Je me brosse les cheveux/les dents.	I brush my hair/my teeth.
Je me maquille/je me rase.	I put on make-up/I shave.
Ensuite, je m'habille/je mets mon uniforme.	**Then,** I get dressed/I put on my uniform.
Puis, je prends mon petit déjeuner.	**Then,** I have breakfast.
Après ça, je prépare mes affaires d'école.	**After that,** I pack my school things.
Finalement, je quitte la maison/je pars de chez moi vers xx heures.	**Finally,** I leave my house/I leave home around xx o'clock.
Je prends le car/le bus (scolaire).	I take the (school) bus.
Je vais au collège à pied/à vélo/en bus/en métro/en voiture.	I go to school on foot/by bike/by bus/by underground (*or* subway)/by car.
J'habite loin du collège, alors le trajet est assez long.	I live a long way from school, so the journey is quite long.
J'habite près du collège et j'y suis rapidement.	I live near the school so I can get there quickly.
Je suis pensionnaire, alors je n'ai pas de trajet.	I'm a boarder, so I don't have a commute.

"perfect triplets" + imperfect

Hier matin, comme j'étais en retard, je me suis vite habillé(e), j'ai mangé rapidement, je me suis brossé les dents et je suis parti(e).	Yesterday morning, as I was late, I dressed quickly, ate quickly, brushed my teeth and left.
Comment se passe ta journée au collège?	What's your day like at school?
La journée scolaire est assez/très longue.	The school day is quite/very long.
J'arrive au collège à/vers xx heures.	I arrive at school at/around xx o'clock.
Je retrouve mes amis dans la cour.	I meet up with my friends in the playground.
Nous avons une assemblée avant le premier cours.	We have assembly before the first lesson.
Les cours commencent à xx heures et finissent à xx heures.	Lessons start at xx o'clock and finish at xx o'clock.
En été/Pendant le Ramadan, la journée scolaire est plus courte.	In summer/During Ramadan, the school day is shorter.
Le lundi, en première heure, j'ai français.	Monday, first period, I have French.
Le matin/L'après-midi, j'ai une récréation à xx heures.	In the morning/afternoon, I have a break (*or* recess) at xx o'clock.
Je déjeune à la cantine/à la maison/en ville.	I have lunch at the canteen/at home/in town.
Pendant l'heure du déjeuner, je fais partie d'un club d'échecs/de théâtre/de débat.	During the lunch break, I belong to a chess/theatre/debating club.

Après les cours, je fais mes devoirs/des activités extra-scolaires/du bénévolat.	After school, I do my homework/extracurricular activities/volunteer work.
À la fin de la journée, je vais à la chorale/à l'orchestre/à l'entrainement de foot/rugby/volley.	At the end of the day, I go to choir/to orchestra/to football/rugby/volleyball training.

"perfect triplets" + imperfect

Hier, <u>c'était</u> ma journée préférée parce que <u>j'ai eu</u> tous mes cours favoris et en EPS, <u>je suis allée</u> à la piscine. <u>Je ne me suis pas ennuyé(e)</u>!	Yesterday <u>was</u> my favourite day because <u>I had</u> all my favourite classes and in PE <u>I went</u> to the pool. <u>I didn't get bored</u>!

Que fais-tu le soir après les cours? — **What do you do in the evenings after school?**

sequencers

Une fois les cours finis/mes activités terminées, je rentre chez moi/je retourne à l'internat à xx heures.	**Once** lessons are over/my activities are finished, I go home/return to my boarding house at xx o'clock.
Une fois que je suis rentré(e), je me change et je me relaxe/je vais en étude/j'ai des cours particuliers.	**Once** I get home, I change and relax/go to study/have private lessons.
Quand j'ai le temps, je me repose devant la télé/devant un film/je sors le chien.	**When** I have time, I relax in front of the TV/with a movie/I take the dog out.
Avant de faire mes devoirs, je grignote quelque chose/je goute.	**Before doing** my homework, I have a snack/I snack.
Après avoir fait mes devoirs, je me détends en jouant sur ma console/en allant sur mes réseaux sociaux.	**After I've done** my homework, I relax by playing on my console/going on my social networks.
Après avoir diné, je discute avec ma famille/avec mes amis/en ligne.	**After I've had dinner,** I chat with my family/with my friends/online.
Après m'être douché(e), je me couche/je vais au lit.	**After I've had a shower,** I go to bed.
Hier soir, **après m'être couché(e),** j'ai lu un peu/j'ai écouté de la musique/j'ai tchatté en ligne **avant de m'endormir**.	Last night, **after going to bed,** I read a bit/I listened to music/I chatted online **before going to sleep**.

subjunctive

** Ma mère insiste **pour que** mes affaires d'école **soient** prêtes le soir.	My mother insists **on** my school things **being** ready in the evening.
** Mes parents **ne veulent pas que** j'**aille** au lit trop tard, donc je me couche vers xx heures.	My parents **don't want** me **to go** to bed too late, so I go to bed around xx o'clock.
** Le surveillant/La surveillante d'internat **ne veut pas qu'**on **fasse** de bruit après xx heures.	The boarding school supervisor (*or* houseparent) **doesn't want** us **to make** any noise after xx o'clock.

Quelles sont les différences dans ta routine entre la semaine et le weekend? — **What are the differences between your weekday and weekend routines?** **Voir 1 C**

En général, le weekend, je me lève et je me couche plus tard.	Generally, at the weekend, I get up later and go to bed later.
Normalement, je fais la grasse matinée.	I usually sleep in late.
D'habitude, le weekend, je ne fais pas grand-chose/je ne fais rien de spécial.	Usually, at weekends, I don't do much/I don't do anything special.
Généralement, le weekend, je passe du temps avec ma famille/mes amis.	Generally, at weekends, I spend time with my family/my friends.
Le weekend, je suis très occupé(e): j'ai des cours particuliers/j'ai entrainement de sport.	At weekends, I'm very busy: I have private lessons/I have sports training.
Le samedi, j'ai un petit boulot/je fais du bénévolat.	On Saturdays, I have a little job/I do voluntary work.
Moi, le weekend, je m'ennuie un peu.	At weekends, I get a bit bored.

si + imperfect + conditional

* **Si** j'**avais** plus de temps/**Si** j'**avais** moins de devoirs/**Si** j'**étais** moins fatigué(e), je **sortirais** plus souvent/je **ferais** plus de sport.	If I **had** more time/If I **had** less homework/**If I were** less tired, I **would go** out more often/I **would do** more sport.

Vocabulary practice

2 Everyday activities – La vie de tous les jours
A Daily routine – Les habitudes quotidiennes

1 Continue these lists, adding as many phrases as you can to each one. PAGES 23–24

le matin	au collège	le soir
Je me réveille.	J'arrive à 8 heures.	Je dine avec ma famille.

À vous!
Que faites-vous en général le matin?
N'oubliez pas les connecteurs: D'abord, etc.

2 Word snakes: rewrite the sentences with the appropriate breaks in.
Don't forget to add the punctuation! PAGES 23–24

a) Ilestarrivéaucollègeàhuitheuresetilaretrouvéessamisdanslacouravantd'allerencours.

b) Monjourpréféréc'étaitvendrediparcequej'aieuanglaisetfrançaismesdeuxmatièrespréférées.

c) Aprèslarécréationdumatinonaeuuneheuredecoursetensuiteonestalléesdéjeuneràlacantineavecmescopines.

d) Àlafindelajournéeavantderentreràlamaisonjesuisalledansunclubdethéâtreetàlachoralepuisjemesuisreposé.

À vous!
Racontez votre journée scolaire d'hier.
(Think of using the perfect triplets! – a verb with *avoir*, a verb with *être*, a reflexive verb with *être*)

3 Match the sentence beginnings and endings to find out what this person does in the evening. PAGE 24

A) Je vais rentrer du collège **une fois**
B) D'abord, je vais faire une partie de mes devoirs **après être**
C) Puis, je vais sortir mon chien au parc **avant**
D) Ensuite, je vais continuer mes devoirs **après avoir**
E) Après ça, je vais me détendre devant la télé **une fois**
F) Et finalement, je vais prendre une douche **avant de**

a) mes devoirs terminés.
b) **que** je finis le dernier cours.
c) fini de manger.
d) **de** diner avec ma famille.
e) me coucher.
f) rentré du collège.

À vous!
Qu'allez-vous faire ce soir après le collège?

4 For each of these sentences, find another expression that means the same. PAGE 24

a) Je ne fais pas d'activités particulières.
b) Je reste au lit tard.
c) J'ai beaucoup de choses à faire.
d) Je fais un peu de volontariat.
e) J'ai un petit job.

À vous!
Comment se passe votre weekend, en général?

2 Everyday activities
La vie de tous les jours

B Les repas et les boissons | B Food and drink

Qu'est-ce que tu aimes manger/boire?	What do you like to eat/drink?
Qu'est-ce que tu n'aimes pas manger/boire?	What don't you like to eat/drink?
Mon repas préféré, c'est …	My favourite meal is …
… le petit déjeuner/le déjeuner/le gouter/le diner	… breakfast/lunch/afternoon snack/dinner
… le déjeuner/le diner/le gouter/le souper (*au Québec et en Suisse*)	… breakfast/lunch/afternoon snack/dinner
À chaque repas, je prends …	At each meal, I have …
… une entrée	… a starter
… un plat principal (*ou* de résistance)	… a main dish
… un dessert	… a dessert
… une boisson	… a drink

aimer + le/la/les

J'aime/J'adore …	I like/I love …
Je n'aime pas/Je déteste …	I don't like/I hate …
… le pâté/la soupe/les crudités (comme entrée)	… pâté/soup/raw vegetables (as a starter)
… le poisson/la viande/les fruits de mer	… fish/meat/seafood
… le riz/les pâtes/les légumes	… rice/pasta/vegetables
… le fromage/la salade	… cheese/salad
… la glace/les fruits (secs)/les yaourts/les gâteaux	… ice cream/(dried) fruit/yoghurt/cakes
… le thé/le café/le chocolat chaud	… tea/coffee/hot chocolate
… le jus de fruit/l'eau/la limonade/les boissons gazeuses	… fruit juice/water/lemonade/fizzy drinks
Comme fruit, j'aime les …	For fruit, I like …

masculine nouns (plural)

… abricots/ananas/avocats/fruits de la passion/kakis/kiwis/melons/raisins	… apricots/pineapples/avocados/passion fruits/persimmon/kiwis/melons/grapes

feminine nouns (plural)

… bananes/cerises/figues/fraises/framboises/mangues/noix de coco/oranges/papayes/pastèques/pêches/pommes/poires/prunes	… bananas/cherries/figs/strawberries/raspberries/mangoes/coconuts/oranges/papayas/watermelons/peaches/apples/pears/plums
Comme légume, j'aime les …	For vegetables, I like …

masculine nouns (plural)

… artichauts/brocoli/champignons/choux/choux-fleurs/concombres/épinards/haricots/petits pois	… artichokes/broccoli/mushrooms/cabbages/cauliflowers/cucumbers/spinach/beans/peas

feminine nouns (plural)

… asperges/aubergines/carottes/courgettes/patates douces/pommes de terre/tomates	… asparagus/aubergines (*or* eggplants)/carrots/courgettes (*or* zucchini)/sweet potatoes/potatoes/tomatoes

2B Everyday activities

Que manges-tu généralement le matin/le midi/le soir?	What do you normally eat for breakfast/lunch/dinner?
manger + du/de la/des	
Le matin/Le midi/Le soir, je mange/je prends …	In the morning/At lunchtime/In the evening, I have …
… du pain et du beurre/des tartines avec de la confiture ou du miel/du pain grillé/des céréales	… bread and butter/slices of bread with jam or honey/toast/cereal
… du poulet/de la dinde/de l'agneau/du bœuf/du porc/du poisson/des fruits de mer	… chicken/turkey/lamb/beef/pork/fish/seafood
En général, le matin/au petit déjeuner, je mange des fruits.	In general, in the morning/for breakfast, I eat fruit.
Normalement, le midi, je mange une omelette/un sandwich avec des frites/des chips/de la salade.	Normally, at lunchtime, I have an omelette/a sandwich with French fries/some crisps (or potato chips)/some salad.
D'habitude, le soir, je mange un hamburger/une pizza.	Usually, in the evening, I eat a hamburger/a pizza.
Généralement, à la maison/à la cantine, je me régale!	Generally, at home/in the canteen, I really enjoy my food!
Mon plat préféré, c'est le …/la …/les …	My favourite food is …
Ce que je préfère, c'est le …/la …/les …	What I like best is …
… parce que je trouve ça bon/excellent/délicieux.	… because I find it good/excellent/delicious.
… parce que j'aime le sucré/le salé.	… I like sweet things/savoury (or salty) things.
Je ne mange pas de viande/de porc/de jambon/de saucisses/de produits laitiers/d'œufs, …	I don't eat meat/pork/ham/sausages/dairy products/eggs, …
… parce que je trouve ça dégoutant.	… because I find it/them disgusting.
… car ça ne me dit rien.	… because it/they don't appeal.
… vu que c'est interdit par ma religion.	… as it's forbidden by my religion.
… puisque je suis végan(e)/végétarien(ne) ou végétalien(ne).	… since/because I'm vegan/vegetarian.
… étant allergique/intolérant(e) (au gluten/au lactose.	… being allergic/intolerant (to gluten/lactose).
As-tu déjà mangé un plat français/d'un pays francophone?	Have you already eaten a dish from France/from a French-speaking country?
J'ai déjà mangé du couscous/de la ratatouille/des moules-frites et j'ai trouvé ça très bon.	I've eaten couscous/ratatouille/moules-frites before and I found it very good.
J'ai déjà gouté au thiéboudiène/à la fondue/à la poutine/aux makrouts.	I've tried thiéboudiène (*a Senegalese dish with fish and rice*)/a cheese fondue/poutine (*a Canadian dish of fries and gravy*)/makrouts (*date and nut cookies from Morocco and Tunisia*).
Je **n'**ai **jamais** mangé **d'**escargots.	I've **never** eaten snails.
Je **n'**ai **pas encore** mangé **de** tajine.	I have **not** tried tajine **yet**.
* Des nems? J'**en** ai mangé et j'ai adoré (ça)!	Fried spring rolls? I've had **some** and I loved them!
* Je n'ai jamais mangé de raclette et je ne veux pas **en** manger, vu que je déteste le fromage.	I've never had raclette and I don't want to eat **any** because I hate cheese.
* De la bouillabaisse? J'**y** ai déjà gouté, mais je n'ai pas aimé.	Bouillabaisse (*Provençal fish stew*)? I've tried **it**, but I didn't like it.
* Je n'ai encore jamais essayé la crème brulée, mais je voudrais bien **y** gouter!	I've never tried crème brulée, but I'd love to taste **some**!

Manges-tu sainement?	Do you eat healthily?
En général, je mange sainement …	In general, I eat healthily …
Je mange des repas sains/équilibrés/variés …	I eat healthy/balanced/varied meals …
Je mange beaucoup de fruits et légumes/de légumineuses …	I eat lots of fruit and vegetables/pulses …
Je bois de l'eau (minérale/gazeuse/plate) …	I drink (mineral/sparkling/still) water …
Je consomme des boissons gazeuses/non-alcoolisées …	I drink fizzy/non-alcoholic drinks …
Je consomme essentiellement des produits frais …	I mainly eat fresh produce …
… parce que c'est bon pour la santé.	… because it's good for my health.
… pour être en bonne santé.	… to be healthy.
… pour rester en forme/garder la forme.	… to stay in shape/keep fit.
… quand j'ai faim/j'ai soif.	… when I'm hungry/I'm thirsty.
J'évite la nourriture trop grasse/riche/riche en glucides/salée/sucrée …	I avoid food that is too fatty/rich/high-carbohydrate/salty/sweet …
Je ne mange pas de fastfood/malbouffe (*fam*)…	I don't eat fast food/junk food …
Je ne bois pas de boissons gazeuses/d'alcool …	I don't drink fizzy drinks/alcohol …
Je ne grignote pas entre les repas …	I don't nibble between meals …
… parce que c'est mauvais pour la santé.	… because it's bad for your health.
… parce que ça fait grossir.	… because it makes you fat.
Je n'ai pas toujours un régime très sain/équilibré.	I don't always eat a very healthy/balanced diet.
Ce n'est pas toujours facile de manger sainement parce que les produits frais coutent cher.	It's not always easy to eat healthily because fresh produce is expensive.
* Je ne fais pas toujours attention **à ce que** je mange. *subjunctive*	I don't always pay attention **to what** I eat.
** **Bien que** ce ne **soit** pas bon pour moi, je mange beaucoup de bonbons/de cacahuètes/de chips parce que j'adore ça!	**Although** it **is** not good for me, I eat a lot of sweets (*or* candy)/peanuts/crisps (*or* potato chips) because I love them!
** **Bien que** je **sache** que c'est assez malsain, je mange beaucoup/trop de biscuits/de barres chocolatées.	**Although** I **know** it's pretty unhealthy, I eat a lot of/too many cookies/chocolate bars.
Décris un repas que tu as fait récemment à la maison/à la cantine/au restaurant/chez des amis.	Describe a meal you had recently at home/in the canteen/in a restaurant/at friends'.
Le weekend dernier, j'ai cuisiné un plat typique de mon pays pour des amis.	Last weekend, I cooked a dish typical of my country for some friends.
La semaine dernière, je suis allé(e) à un barbecue/à un pique-nique chez des amis.	Last week, I went to a barbecue/to a picnic with friends.
Samedi soir, j'ai mangé dans un restaurant asiatique avec ma famille. Il y avait beaucoup de choix, c'était bon et le service était fantastique.	On Saturday evening, I ate in an Asian restaurant with my family. There was plenty of choice, it was good and the service was fantastic.
Hier à la cantine, j'ai bien mangé parce que c'était ma nourriture préférée: du poulet avec du riz et une salade de fruits.	Yesterday in the canteen, I ate well because it was my favourite food: chicken with rice and fruit salad.

"perfect triplets"

<u>Je suis allé(e)</u> dans un restaurant italien avec ma famille. <u>J'ai mangé</u> une pizza et de la glace et <u>j'ai bu</u> un soda. <u>Je me suis régalé(e)</u>!	<u>I went</u> to an Italian restaurant with my family. <u>I ate</u> pizza and ice cream and <u>drank</u> a soda. <u>I really enjoyed it</u>!

Décris ton plat préféré. / Describe your favourite dish.

C'est un plat végétarien/végétalien/à base de viande/à base de poisson.
It's a vegetarian/vegan/meat-based/fish-based dish.

C'est épicé/piquant/salé/sucré.
It's spicy/hot/salty/sweet.

C'est fait avec …/Dedans, il y a …/On y met …
It's made with …/In it, there is …/You put … in it.

L'ingrédient principal, c'est du saumon/des crevettes/du crabe.
The main ingredient is salmon/shrimps/crab.

Il faut aussi du sel/du poivre/des épices/de l'huile (de soja/d'olive)/du vinaigre/de la farine/des œufs/de l'ail/des oignons.
You also need salt/pepper/spices/(soya/olive) oil/vinegar/flour/eggs/garlic/onions.

C'est cuit au four/au grill/à la vapeur/à la poêle.
It is baked in the oven/grilled/steamed/pan-fried.

Pour faire cette recette, comme ustensiles, il faut …
To make this recipe, you need …

… une casserole/une poêle/une marmite.
… a saucepan/a skillet/a pot.

… une assiette/un bol/un saladier.
… a plate/a bowl/a salad bowl.

… une tasse/une verre.
… a cup/a glass.

… une cuiller en bois/un fouet (électrique).
… a wooden spoon/a whisk.

Commander dans un café/restaurant / Ordering in a café/restaurant

Je voudrais réserver une table pour x personnes.
I would like to reserve a table for x people.

J'ai une réservation au nom de …
I have a reservation in the name of …

Vous avez une table de libre pour ce soir?
Do you have a table available this evening?

On peut voir le menu (*ou* la carte), s'il vous plaît?
Can we see the menu, please?

On peut commander, s'il vous plaît?
Can we order, please?

Que désirez-vous boire/manger?
What would you like to eat/drink?

Qu'est-ce que vous recommandez comme entrée?
What do you recommend for a starter?

Je vais prendre le menu à xx euros/le plat du jour.
I'll have the menu at xx euros/today's special.

Comme entrée/plat principal, je voudrais …
For a starter/main dish, I'd like …

Qu'est-ce que vous avez comme dessert?
What desserts do you have?

Excusez-moi, mais je n'ai pas de serviette/de couverts/de couteau/de cuiller (à soupe/à café)/de fourchette/de verre.
I'm sorry, but I don't have a napkin/cutlery/a knife/a (soup/tea)spoon/a fork/a glass.

Je peux avoir l'addition, s'il vous plaît?
May I have the bill, please?

Je peux payer/régler par carte/en espèces?
Can I pay by card/in cash?

Le service est-il compris?
Is service included?

Je voudrais laisser un pourboire au serveur/à la serveuse.
I'd like to leave a tip for the waiter/waitress.

Vocabulary practice

2 Everyday activities – La vie de tous les jours
B Food and drink – Les repas et les boissons

1 Make your top ten list of food items for each of these categories. `PAGES 26–27`

Ce que j'aime et qui est bon pour la santé	Ce que j'aime mais qui n'est pas bon pour la santé	Ce que je n'aime pas mais qui est bon pour la santé	Ce que je n'aime pas et qui n'est pas bon pour la santé
les pommes …	les frites	les champignons	le soda

2 On each line, cross out the words that don't fit, to leave only words that could make a correct sentence. `PAGE`

a) Le matin, je mange **du**   fromage   fruits   confiture   pain   céréales
b) Le midi, je prends **de la**   crudités   pizza   pâtes   poulet   salade
c) Le soir, j'aime manger **des**   poisson   légumes   soupe   frites   riz
d) En général, je ne bois pas **d'**   limonade   jus   eau gazeuse   alcool   sodas

> **À vous!**
> Que mangez-vous généralement à chaque repas?

3 Match the beginning and end of each sentence to describe what you eat and why. `PAGE 27`

A) Mon repas préféré, c'est le petit déjeuner,   a) **car** j'aime plus le salé que le sucré.
B) Je ne mange jamais de poisson,   b) **puisque** je suis intolérante aux œufs.
C) Je vais manger beaucoup de poulet,   c) **étant** végétalien(ne).
D) Je ne mange pas d'omelette,   d) **vu que** je préfère la viande blanche.
E) Mon plat préféré, c'est l'entrée,   e) **parce que** j'adore les céréales avec du lait!

> **À vous!**
> Décrivez ce que vous allez manger demain. Expliquez pourquoi!

4 Untangle this text about healthy eating. Rewrite it first in English, then in French. `PAGE 28`

> **Généralement,** I am careful with **mon régime:** je mange des *healthy and balanced meals, with lots of* **fruits et** *vegetables. I don't eat* **viande parce que** *I'm a vegetarian, but* **je remplace par** *pulses. I avoid* **les desserts qui sont** *too sweet,* **comme** *cakes and ice cream,* **vu que** *that makes you fat.* **Normalement,** *I don't drink* **boissons gazeuses parce que** *it's bad for* **les dents.** *When I'm thirsty,* **je bois** *still water.* **Mais par contre, hier,** *I ate* **un hamburger** *and some crisps* **et** *I drank* **du coca!**

> **À vous!**
> Avez-vous mangé sainement hier? Pourquoi (pas)?

2 Everyday activities
La vie de tous les jours

C Le corps et la santé | C The human body and health

Es-tu en forme?	Are you well?
Je vais (très) bien.	I am (very) well.
Je suis en (pleine) forme.	I'm (really) fit (or in great shape).
Je ne suis jamais malade.	I'm never ill.
Je ne suis pas en forme.	I'm not feeling great.
Je ne me sens pas (très) bien.	I'm not feeling (too) well.
Je me sens faible/malade.	I'm feeling weak/ill.
Qu'est-ce qui ne va pas?	What's wrong?
J'ai mal partout (dans le corps).	It's hurting everywhere (in my body).
J'ai mal (à) …	My … hurt(s).
Je me suis fait mal à …/J'ai une blessure …	I have hurt my …/I have injured my …

feminine nouns

… à la tête/à la bouche/à la langue/à la gorge/à la poitrine	… head/mouth/tongue/throat/chest
… à l'épaule/à la main/à la joue/à l'oreille (droite/gauche)	… (right/left) shoulder/hand/cheek/ear
… à la jambe/à la cuisse/à la cheville (droite/gauche)	… (right/left) leg/thigh/ankle

masculine nouns

… au visage/au front/au nez/au cou/au ventre/au dos	… face/forehead/nose/neck/belly/back
… au bras/au coude/au poignet/au genou/au pied (droit/gauche)	… (right/left) arm/elbow/wrist/knee/foot
… à l'estomac/au cœur	… stomach/heart

plural nouns

… aux dents/aux doigts/aux doigts de pied (*ou* orteils)	… teeth/fingers/toes
… aux lèvres/aux yeux (à l'œil)	… lips/eyes (eye)
Je suis fatigué(e)/J'ai envie de dormir.	I'm tired/I want to sleep.
J'ai chaud/J'ai froid/J'ai soif/Je n'ai pas faim.	I'm hot/I'm cold/I'm thirsty/I'm not hungry.
J'ai un rhume/la grippe/le rhume des foins.	I have a cold/the flu/hay fever.
J'ai les symptômes de la (*ou* du) Covid.	I have Covid symptoms.
J'ai le nez qui coule/les yeux qui brulent/piquent.	I have a runny nose/My eyes are burning/stinging.
J'ai de la température/de la fièvre.	I have a temperature/fever.
J'ai la nausée/J'ai envie de vomir.	I'm nauseous/I feel sick.
J'ai le mal de mer/des transports.	I feel seasick/I have motion sickness.
J'éternue/Je tousse.	I sneeze/I cough.
Je n'arrive pas à manger/dormir.	I can't eat/I can't sleep.
J'ai du mal à respirer/à voir.	It's hard to breathe/to see.
J'ai des boutons/des coups de soleil/des piqures d'insectes/des démangeaisons.	I have spots/sunburn/insect bites/I'm itchy.
Je fais une allergie à …	I'm allergic to …
Je me suis brulé(e)/coupé(e).	I've burned/cut myself.
Je me suis coupé le doigt.	I cut my finger.
Je me suis cassé la jambe.	I broke my leg.
Je me suis fait une entorse à la cheville.	I sprained my ankle.

Je suis tombé(e) (en marchant/en courant).	I fell (while walking/running).
J'ai eu un accident de vélo/de voiture.	I had a bike/car accident.
J'ai besoin de m'allonger/de boire quelque chose.	I need to lie down/drink something.
Je vais voir l'infirmier/l'infirmière.	I'm going to see the nurse.
J'ai un rendez-vous chez le médecin/le docteur/le dentiste.	I have an appointment with a doctor/doctor/dentist.
Je vais passer à la pharmacie pour chercher un médicament/des pansements/du sparadrap.	I'm going to call at the pharmacy to get some medicine/plasters/plasters.
Je dois/Il faut aller à l'hôpital/aux urgences.	I/You need to go to hospital/to casualty (*or* the emergency department).

Comment gardes-tu la forme? — How do you keep fit? *Voir 2 B*

J'ai une vie saine.	I have a healthy lifestyle.
J'ai un régime alimentaire sain/équilibré.	I eat a healthy/balanced diet.
Je dors bien/huit heures par nuit.	I sleep well/eight hours a night.
Je ne me couche pas trop tard.	I don't stay up too late.
J'évite les écrans avant de me coucher.	I avoid screens before bedtime.
J'évite de devenir accro aux jeux vidéo.	I avoid becoming addicted to video games.
Je ne fume pas et je ne prends pas de drogues.	I don't smoke or take drugs.
Je fais du sport/de la marche/des activités physiques.	I do sport/walking/physical activities.
Je prends soin de moi/de ma santé mentale.	I take care of myself/of my mental health.
Je fais tout ce que je peux pour rester en forme.	I do everything I can to stay in shape.

Quelles mauvaises habitudes avais-tu avant? — What bad habits did you have before?

Avant, je passais trop de temps à jouer aux jeux vidéo en ligne tard le soir, donc j'étais fatigué.	I used to spend too much time playing online video games late at night, so I was tired.
Quand j'étais plus jeune, je ne mangeais pas assez de fruits et légumes, alors je n'avais pas assez de vitamines.	When I was younger, I didn't eat enough fruit and vegetables, so I didn't get enough vitamins.
Je ne faisais pas d'exercice physique et par conséquent, je n'avais pas d'énergie.	I didn't exercise, and as a result, I had no energy.
Je travaillais beaucoup et je ne savais pas comment me détendre, si bien que j'étais très stressé(e).	I was working a lot and didn't know how to relax, which led to me being me very stressed.

si + pluperfect + past conditional

** **Si** j'**avais su**, j'**aurais mangé** moins de sucreries quand j'étais petit.	**If** I **had known**, I **would have eaten** fewer sweets as a child.
** **Si** j'**avais fait** plus attention à moi, je **n'aurais pas eu** de problèmes de santé.	**If** I **had looked** after myself better, I **wouldn't have had** any health problems.

Que vas-tu faire pour te maintenir en forme? — What are you going to do to stay in shape?

Je vais faire plus d'exercice tous les jours.	I'm going to do more exercise every day.
J'ai l'intention de me coucher plus tôt (pendant la semaine/le weekend).	I intend to go to bed earlier (during the week/at the weekend).
Je compte réduire ma consommation de matières grasses.	I plan to reduce how much fat I eat.
Je voudrais faire un régime pour perdre du poids.	I would like to go on a diet to lose weight.

expressions followed by future tense

* **Si je peux**/**Si c'est possible**/**Si j'ai le temps**, **j'irai** au collège à pied plutôt qu'en bus.	**If I can**/**If it's possible**/**If I have time**, **I'll walk** to school instead of taking the bus.
* **J'espère que je pourrai** faire des activités agréables pour me déstresser.	**I hope I'll be able to** do fun activities to de-stress.
* **Quand j'aurai** plus de temps, **je pratiquerai** un sport plusieurs fois par semaine.	**When I have** more time, **I will do** a sport several times a week.

si + present + conditional

* **Si** j'**avais plus de temps**, je **préparerais** des repas plus sains.	**If** I **had** more time, I **would prepare** healthier meals.

Vocabulary practice

2 Everyday activities – La vie de tous les jours
C The human body and health – Le corps et la santé

1 Complete each label with the names of body parts so that this robot has all the bits it needs! PAGE 31

2 For each sentence, cross out the option that doesn't make sense!
   Leave two options that can fit with the sentence opener. PAGES 31–32
   a) Je suis en pleine forme parce que   je ne suis pas stressé(e). / j'ai une vie saine. / je me sens malade.
   b) Je ne me sens pas très bien, vu que   j'ai mal à l'estomac. / je vais bien. / j'ai du mal à respirer.
   c) Je crois que j'ai un rhume car   j'éternue. / j'ai le nez qui coule. / je me suis fait une entorse.
   d) Je ne suis jamais malade puisque   je suis fatiguée. / j'ai un régime alimentaire sain. / je dors bien.
   e) Ça ne va pas du tout. En effet,   je me suis brulé. / j'ai envie de vomir. / je prends soin de moi.

   À vous!
   Comment ça va aujourd'hui? Êtes-vous en bonne santé en général?

3 Choose an appropriate connector to complete these sentences. PAGE 32

   comme   par conséquent   donc   alors   parce que   vu que

   a) _____ je voudrais perdre du poids, je vais faire un régime.
   b) Je veux avoir plus d'énergie, _____ je vais manger plus de fruits et légumes.
   c) Je suis très fatigué(e), _____ j'ai joué en ligne très tard hier soir!
   d) J'aimerais mieux dormir, _____ je vais éviter les écrans avant de me coucher.
   e) J'ai l'intention de perdre du poids, _____ je ne me sens pas très en forme en ce moment.

   À vous!
   Qu'est-ce que vous voudriez faire pour être plus en forme? Pourquoi?

3 The world around us
Le monde qui nous entoure

A Voyages et transports | A Travel and transport

Comment te déplaces-tu généralement? / **How do you usually get around?**

Pour aller à l'école/au collège/au lycée/en ville, je me déplace …	To get to school/to town, I travel …
… **à** pied/à vélo (*ou* bicyclette)/à scooter/à moto/à trottinette	… **on** foot/by bike (bicycle)/on a moped/on a motorbike/on a scooter
… **en** (auto)bus/en car/en métro/en tram(way)/en taxi/en rickshaw/en voiture	… **by** bus/by coach/by underground (*or* subway)/by tram/by taxi/by rickshaw/by car
Pour aller en vacances, je voyage …	To go on holiday, I travel …
… **en** train/en voiture/en avion/en bateau/en ferry	… **by** train/by car/by plane/by boat/by ferry
Près de chez moi, il y a …	Near my home, there is …
… un arrêt de bus/un arrêt de tram/une station de métro	… a bus stop/a tram stop/an underground (*or* subway) station
… une gare routière/une gare (de chemin de fer)	… a bus station/a (railway) station
… un aéroport/un port	… an airport/a port
Pour aller en ville, je prends le bus/le métro parce que …	To go into town, I take the bus/the underground (*or* subway) because …
… c'est plus pratique/plus rapide/plus économique.	… it's more convenient/faster/cheaper.
… ça coute moins cher.	… it costs less.
… ça prend moins de temps.	… it takes less time.
Je préfère prendre la voiture parce qu'…	I prefer to take the car because …
… elle est climatisée, donc plus confortable.	… it's air-conditioned, so it's more comfortable.
… elle est électrique, donc plus écologique/moins bruyante.	… it's electric, so it's more environmentally friendly/quieter.
Quand il/S'il fait beau, je vais à l'école à pied, mais quand il/s'il pleut, mon père m'emmène en voiture.	When/If the weather's fine, I walk to school, but when/if it rains, my dad drives me.
Hier, il pleuvait beaucoup, alors j'ai pris un taxi.	Yesterday, it was raining a lot, so I took a taxi.
Dans ma ville, il n'y a pas de bus, alors je dois marcher/prendre mon vélo.	In my town, there are no buses, so I have to walk/take my bike.
Dans mon quartier, les transports en commun sont excellents.	In my neighbourhood, public transport is excellent.
Le problème avec les transports dans ma ville, c'est qu'…	The problem with public transport in my town is that …
… ils sont beaucoup trop chers.	… it's far too expensive.
… ils sont trop bondés/trop vieux.	… it's too crowded/too old.
… ils ne sont jamais à l'heure.	… it's never on time.
Nous ne prenons pas souvent la voiture parce que/qu'…	We don't often take the car because …
… il y a trop de circulation (*ou* trafic)/il y a trop d'embouteillages.	… there's too much traffic/there are too many traffic jams.
… on ne peut pas se garer (*ou* stationner).	… we can't park.
… on ne veut pas polluer.	… we don't want to pollute.
… ce n'est pas économique, vu le prix du carburant.	… it's not economical given the price of fuel.

Quand nous voyageons, nous prenons l'avion parce que/qu'…	When we travel, we take the plane because …
… c'est le meilleur moyen de transport pour les longues distances.	… it's the best means of transport for long distances.
… c'est le mode de transport le plus sûr.	… it's the safest mode of transport.
… c'est plus rapide et moins fatigant que la voiture.	… it's quicker and less tiring than the car.
… il y a des vols pas chers/à bas prix.	… there are some cheap/low-cost flights.

Comment seront les transports à l'avenir? / What will transport be like in the future? **Voir 3 C**

Je pense que/qu'…	I think that …
J'imagine que/qu'…	I imagine that …
À mon avis/Selon moi, …	In my opinion, …

near future

… les transports **vont être** moins polluants.	… transport **is going to be** less polluting.
… on **va encourager** les déplacements à pied/à vélo.	… they **are going to encourage** people to go on foot/by bicycle.

future tense

… la voiture du futur **sera** autonome et très sûre/fiable.	… the car of the future **will be** autonomous and very safe/reliable.
… il y **aura** des véhicules silencieux pour réduire la pollution sonore.	… there **will be** silent vehicles to reduce noise pollution.

conditional

… il **devrait** y avoir plus de pistes cyclables.	… there **should be** more cycle paths.
… on **devrait** limiter le nombre de voitures en ville.	… we **should** limit the number of cars in towns.
… les transports en commun **devraient** être gratuits.	… public transport **should** be free.

j'espère que + future

* J'espère qu'on **éliminera** les particules fines qui polluent l'atmosphère.	I hope that we **will get rid** of the fine particles that pollute the atmosphere.

si + present + future

* **Si** c'**est** possible, on **privilégiera** les transports ferroviaires par rapport aux transports routiers.	**If** it **is** possible, we **will prioritise** railways over roads.

si + imperfect + conditional

* **Si** c'**était** possible, on **devrait** éviter les vols courts pour réduire notre empreinte carbone.	**If** it **was** possible, we **should** avoid short flights to reduce our carbon footprint.

subjunctive

** Il **faut**/Il **faudra**/Il **faudrait** que/qu' …	It is necessary/It will be necessary/It would be necessary that …
… les transports **soient** plus respectueux de l'environnement.	… transport **be** more environmentally friendly.
… il y **ait** plus de parkings et de navettes à l'extérieur des villes.	… we **have** more car parks and shuttles outside cities.

Les déplacements en voiture / Travelling by car

Nous utilisons la voiture tous les jours.	We use the car every day.
Nous louons toujours/souvent/parfois une voiture pendant les vacances.	We always/often/sometimes hire a car during the holidays.
Mon père est un excellent conducteur/Ma mère est une excellente conductrice/conduit très bien.	My father/My mother is an excellent driver/drives very well.
Nous n'avons jamais eu d'accident (de la route).	We've never had a (road) accident.
L'été dernier, nous sommes tombés en panne sur l'autoroute.	Last summer, we broke down on the motorway.
L'année prochaine, je vais prendre des leçons/cours de conduite et passer mon permis (de conduire).	Next year, I'm going to take driving lessons and take my (driving) test.

quand + future + future

* **Quand** je **conduirai**, j'**achèterai** une voiture électrique.
* **Quand** j'**aurai** mon permis de conduire, j'**aurai** une voiture car elle permet d'aller où on veut.

When I **drive**, I **will buy** an electric car.

When I **have** my driving licence, I **will get** a car because it allows you to go wherever you want.

Les déplacements

Excusez-moi, où est la station de métro/la station de taxis, s'il vous plaît?

C'est quelle ligne/quel arrêt pour aller à …, s'il vous plaît?

De quel quai part le train pour …?

C'est quelle porte pour le vol xx?

Est-ce qu'il y a une correspondance pour aller à …?

C'est un train/un vol direct?

Il faut descendre/changer à …

Combien coute un aller simple/aller-retour pour … ?

Est-ce qu'il y a un tarif réduit pour les jeunes?

Il faut acheter un billet au guichet/payer au chauffeur?

Avez-vous les horaires des trains/des vols/des traversées pour … ?

À quelle heure est le bus/le car/le train/le ferry pour …?

Quelle est l'heure du départ/d'arrivée?

Il faut combien de temps pour aller à …?

Journeys

Excuse me, where is the metro station/the taxi rank, please?

Which line/stop is it to go to …, please?

Which platform does the train for … leave from?

Which gate is it for flight xx?

Do I need to change to go to …?

Is it a direct train/flight?

You have to get off/change at …

How much is a one-way/return (or round trip) ticket to …?

Is there a reduced fare for young people?

Do I have to buy a ticket at the ticket office/pay the driver?

Do you have the train/flight/ferry timetable for …?

What time is the bus/coach/train/ferry to …?

What is the departure/arrival time?

How long does it take to get to …?

Les directions

Je suis perdu(e)/Je me suis perdu(e).

Je cherche la rue qui s'appelle …

Pour aller à …, s'il vous plaît?

Il faut/Vous devez …

… aller/continuer tout droit.

… aller jusqu'à la place/jusqu'au bout de la rue/jusqu'aux feux.

… tourner à droite/à gauche.

… prendre la première/deuxième (rue) à droite/à gauche.

… traverser la rue/le pont/au passage pour piétons.

… suivre les panneaux « Toutes directions ».

… monter/descendre la rue/l'avenue/le boulevard.

Quand vous arrivez au rondpoint, prenez/tournez à droite.

C'est sur votre droite/sur votre gauche/en face.

C'est avant/après le carrefour.

C'est (assez) loin/Ce n'est pas (très) loin/C'est tout près.

C'est à dix minutes à pied/en bus.

Directions

I'm lost/I got lost.

I'm looking for the street called …

How do I get to …, please?

You need to …

… go/continue straight on.

… go up to the square/to the end of the street/to the traffic lights (or signal).

… turn right/left.

… take the first/second (street) on the right/on the left.

… cross the road/the bridge/the pedestrian crossing.

… follow the "All routes" signs.

… go up/down the street/the avenue/the boulevard.

When you reach the roundabout (or rotary/turning circle), turn right.

It's on your right/on your left/across the road.

It is before/after the crossroads.

It's (quite) far/It's not (very) far/It's very close.

It's a ten-minute walk/bus ride.

Vocabulary practice

3 The world around us – Le monde qui nous entoure
A Travel and transport – Voyages et transports

1 Can you work out these anagrams of names of transport? Write the names into the correct category, either *à* or *en*, depending on which preposition you would use it with. **PAGE 34**

- a) sub
- b) nitra
- c) wymarta
- d) rac
- e) noiva
- f) ataube
- g) lové
- h) touvire
- i) méort
- j) atix
- k) dipe
- l) trocose

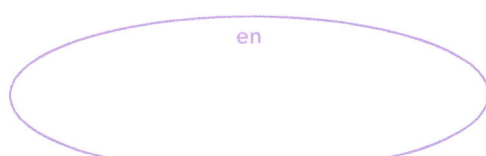

2 Which form of transport is being referred to in each sentence? **PAGE 34**

Example: Il y a un arrêt juste en bas de chez moi. = le bus/le tram

- a) Le matin, je le prends à la gare routière à 7h15.
- b) La station est à 5 minutes de chez moi.
- c) Mon père la gare dans le garage.
- d) Le vol dure environ 8 heures.
- e) La traversée prend 2 heures en général.
- f) Ça me prend moins de 10 minutes.

> **À vous!**
> Comment vous déplacez-vous pour aller en ville? Pourquoi?

3 Towards a sustainable transport policy! Circle *plus* or *moins* so that these sentences make sense. **PAGE 35**

- a) « Je pense qu'on va acheter plus / moins de voitures électriques. »
- b) « Selon moi, les véhicules seront plus / moins polluants. »
- c) « On prendra le train plus / moins souvent que la voiture. »
- d) « On voyagera plus / moins en avion pour les petites distances. »
- e) « On fera plus / moins de pistes cyclables pour les vélos en ville. »

> **À vous!**
> À votre avis, comment voyager sans polluer à l'avenir?

4a Read the directions in speech bubbles a), b) and c) and find the correct map that matches two of them.

PAGE 36

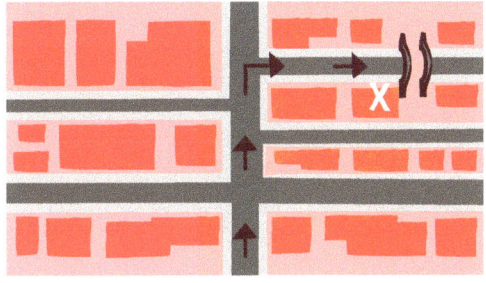
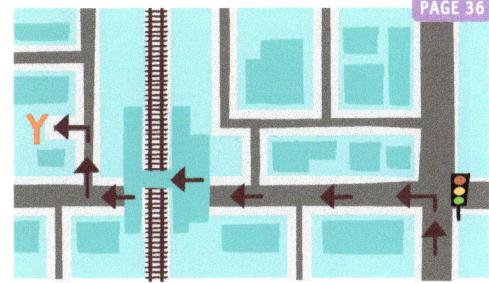

a) La gare? Vous allez tout droit, vous prenez la deuxième rue à gauche, puis la deuxième à droite, et la gare est en face de vous.

b) Pour aller à la station de métro, il faut continuer tout droit, prendre la troisième rue à droite et c'est à droite, juste avant le pont.

c) Le cinéma? Vous devez tourner à gauche au feu, et continuer tout droit jusqu'à la gare. Il faut traverser la gare, tourner à droite et prendre la première à gauche. C'est là, en face.

4b Draw a simple sketch map to represent the directions given in the remaining speech bubble.

3 The world around us
Le monde qui nous entoure

B Le monde naturel et l'environnement
B The natural world and the environment

Quel temps fait-il?	**What's the weather like?**
Aujourd'hui, il fait …	Today, the weather is …
… beau/mauvais	… nice/bad
… chaud/lourd	… hot/muggy
… frais/froid/frette (*au Québec*)	… cool/cold/cold
En ce moment, il y a …	At the moment, it's …/there is …
… du soleil/des nuages (gris)	… sunny/cloudy (grey)
… du vent/de la tempête/un ouragan/un cyclone/un typhon	… windy/a storm/a hurricane/a cyclone/a typhoon
… de l'orage/du tonnerre et des éclairs	… stormy/thunder and lightning
… de la grêle/du givre/du verglas	… hail/frost/ice
Il ne fait pas beau et il n'y a pas de soleil.	The weather is bad and there is no sun.
Il pleut/Il neige/Il gèle/Il grêle.	It's raining/It's snowing/It's freezing/It's hailing.
Il fait 25 degrés/moins 2 degrés.	It's 25 degrees/minus 2 degrees.
Le temps/Le ciel se couvre.	The weather is getting cloudy/The sky is getting darker.
Hier, il a fait mauvais (temps) toute la journée: il y a eu de l'orage et il a plu.	Yesterday, the weather was bad all day: there was a thunderstorm and it rained.
Ce matin, il faisait beau, il y avait du soleil et il ne pleuvait pas, mais cet après-midi, il grêle!	This morning it was fine, sunny and not raining, but this afternoon it's hailing!
Il s'est mis à pleuvoir/à neiger.	It started raining/snowing.
si + present + future	
S'il **fait** beau, on **pourra** aller se promener.	**If** the weather **is** fine, we **can** go for a walk.
si + imperfect + conditional	
* S'il **faisait** plus chaud, on **pourrait** aller se baigner.	**If** the weather **was** warmer, we **could** go for a swim.
si + pluperfect + past conditional	
** S'il n'**avait** pas **plu**, on **aurait pu** sortir.	**If** it **had** not **rained**, we **could have** gone out.
Quelle est la météo pour demain?	**What's the weather forecast for tomorrow?**
J'espère qu'il fera beau/qu'il ne pleuvra pas/qu'il y aura du soleil demain.	I hope the weather is fine/it does not rain/it is sunny tomorrow.
Selon le bulletin météo, il fera gris toute la journée.	According to the weather forecast, it will be grey all day.
En début/En milieu/En fin de journée, le temps sera dégagé/variable/couvert.	At the start/In the middle/At the end of the day, the weather will be clear/variable/overcast.
Pendant la nuit, la température minimale/maximale sera de 8 degrés.	During the night, the minimum/maximum temperature will be 8 degrees.
On prévoit des gelées/de la brume/du brouillard tôt le matin.	Frost/Mist/Fog is expected early in the morning.
Il y aura des averses/des éclaircies en fin de matinée.	There will be showers/clear spells at the end of the morning.
L'après-midi sera ensoleillée/orageuse/pluvieuse.	The afternoon will be sunny/stormy/rainy.
On verra des passages nuageux avec risque de pluie en fin de journée.	There will be cloudy spells with a risk of rain towards the end of the day.

3B The world around us

Comment est le climat là où tu habites?	What's the climate like where you live?
C'est un climat tempéré/polaire/équatorial/tropical/désertique.	It is a (or an) temperate/polar/equatorial/tropical/desert climate.
Il fait chaud et humide toute l'année.	It is hot and humid all year round.
Il y a des pluies de mousson entre juin et septembre.	There are monsoon rains between June and September.
Il n'y a pratiquement jamais de pluie/Il ne pleut presque jamais.	There is hardly ever any rain/It almost never rains.
Il y a une saison sèche et une saison des pluies.	There is a dry season and a rainy season.
Les températures sont élevées pendant la journée et fraiches la nuit.	Temperatures are high during the day and cool at night.
Ici, les quatre saisons sont bien marquées.	Here, the four seasons are clearly marked.
Au printemps/En été/En automne/En hiver, il fait …	In spring/In summer/In autumn/In winter, the weather is …
Les étés sont courts et chauds, et les hivers sont longs et froids.	Summers are short and hot, and winters are long and cold.
J'adore le climat ici parce que le ciel est bleu et le soleil brille tous les jours!	I love the climate here because the sky is blue and the sun shines every day!
Les conditions météorologiques sont idéales pour les activités de plein air.	The weather conditions are ideal for outdoor activities.
Je n'aime pas le climat ici parce que je déteste la chaleur/le froid/l'humidité/la pluie/les tempêtes (de sable).	I don't like the weather here because I hate the heat/the cold/the humidity/the rain/the (sand) storms.
Le temps est imprévisible, alors on ne sait jamais comment s'habiller.	The weather is unpredictable, so you never know what to wear.
La meilleure/**La pire** saison pour venir ici, c'est d'octobre à février/pendant l'été (indien).	**The best/The worst** season to come here is from October to February/during the (Indian) summer.
Le meilleur/**Le pire** moment pour visiter la région, c'est l'hiver car le temps est glacial/c'est l'été parce qu'il fait une chaleur caniculaire.	**The best/The worst** time to visit is winter because the weather is freezing/summer because it's scorching hot.

Comment sont les paysages dans ta région/ton pays?	What is the landscape like in your region/country?
Ma région est située dans l'est/l'ouest/le nord/le sud du pays.	My region is in the east/the west/the north/the south of the country.
J'habite dans une belle région pittoresque.	I live in a beautiful, picturesque region.
Au centre du pays, les paysages sont très variés/sauvages/ruraux/urbains.	In the centre of the country, the landscape is very varied/wild/rural/urban.
À l'est/À l'ouest/Au nord/Au sud, il y a/on trouve …	In the east/In the west/In the north/In the south, there is/are …
… la campagne/des champs/des vignobles/des rizières.	… countryside/fields/vineyards/rice paddies.
… la mer/la côte/la plage/le lagon/l'ile.	… the sea/the coast/the beach/the lagoon/the island.
… la forêt/les bois.	… the forest/the woods.
… la montagne/des collines/des volcans.	… mountains/hills/volcanoes.
… le désert/des dunes de sable/des oasis.	… desert/sand dunes/oases.
… la rivière/le fleuve/le lac/la cascade/la chute d'eau qui s'appelle xx.	… the river/river/lake/waterfall/waterfall called xx.
… le parc national/le parc naturel/le jardin botanique.	… the national park/the nature park/the botanical garden.
C'est une région …	The region is …
… industrielle/agricole/riche en faune et en flore.	… industrial/agricultural/rich in flora and fauna.
… réputée pour ses arbres/ses fleurs/ses animaux/ses sites touristiques.	… famous for its trees/its flowers/its animals/its tourist attractions.
… très importante pour ses ressources naturelles.	… very important for its natural resources.
J'adore ma région parce qu'on **y** voit des panoramas magnifiques.	I love my region because you can see magnificent views **there**.

Il faut visiter ma région parce que le littoral **y** est extraordinaire.	You must visit my region because the coastline **there** is extraordinary.
Venez voir ma région parce que la nature **y** est spectaculaire!	Come and see my region because nature **there** is spectacular!
C'est un endroit **où** …	It's a place **where** …
… il y a beaucoup de choses à faire et à voir.	… there are lots of things to see and do.
… il n'y a rien d'intéressant à voir ou à faire.	… there's nothing interesting to see or do.
Je n'aime pas ma région parce qu'il y a trop de pollution/trop d'usines.	I don't like my region because there is (or are) too much pollution/too many factories.
Ce n'est pas une région facile parce qu'il y a souvent des catastrophes naturelles/des tremblements de terre.	It's not an easy region because there are often natural disasters/earthquakes.

Quel est le plus grand problème pour l'environnement?
What's the biggest environmental issue? Voir 3 A

Pour moi,/À mon avis,/Selon moi,/Je pense que/Je crois que c'est …	For me,/In my opinion,/According to me,/I think that/I believe that it's …
… le réchauffement climatique	… global warming
… la pollution de l'air	… air pollution
… l'effet de serre	… the greenhouse effect
… l'augmentation des déchets	… the increase in waste
… la disparition de la biodiversité	… the disappearance of biodiversity
* **Ce qui** m'inquiète le plus, c'est …	**What** worries me most is …
* **Ce que** je crains le plus, c'est …	**What** I fear most is …
** **Ce dont** j'ai le plus peur, c'est …	**What** I'm most afraid **of** is …
… les chaleurs extrêmes/la canicule	… extreme heat/heatwave
… la destruction de l'habitat naturel	… destruction of the natural habitat
… la perte des espèces en voie de disparition/d'extinction	… the loss of endangered species
… la disparition des insectes/des abeilles	… disappearance of insects/bees
… le braconnage/la chasse (illégale)/la surpêche	… poaching/(illegal) hunting/overfishing
… la sécheresse/la pénurie d'eau	… drought/water shortage
… les incendies/les inondations	… fires/floods
… la pollution par les pesticides	… pesticide pollution
… les accidents nucléaires	… nuclear accidents

Que fais-tu pour protéger l'environnement?
What do you do to protect the environment?

Personnellement, pour protéger la planète, …	Personally, to protect the planet, …
… j'économise l'eau et l'électricité.	… I save water and electricity.
… j'éteins les lumières et je ferme les robinets.	… I switch off lights and turn off taps (or faucets).
… je fais du tri sélectif/je trie les déchets.	… I sort my waste.
… je recycle le verre/le carton/le papier/le plastique.	… I recycle glass/cardboard/paper/plastic.
… j'achète des produits locaux/bio/sans plastique.	… I buy local/organic/plastic-free products.
… je ne jette plus les piles à la poubelle.	… I don't throw batteries in the bin any more.

Que vas-tu faire pour protéger l'environnement?
What are you going to do to protect the environment?

Pour réduire mon empreinte carbone, je vais …	To reduce my carbon footprint, I'm going to …
… prendre des douches **plutôt que** des bains.	… take showers **rather than** baths.
… acheter des vêtements d'occasion **au lieu de** vêtements neufs.	… buy second-hand clothes **instead of** new ones.
… utiliser un sac en toile ou un panier **à la place de** sacs en plastique.	… use a canvas bag or a basket **instead of** plastic bags.

3B The world around us

* … choisir des produits réutilisables et **non pas** des produits jetables.	… choose reusable products and **not** disposable products.
* … mettre un pull **pour ne pas** monter le chauffage.	… wear a jumper (*or* sweater) **to avoid** turning up the heating.

Que faisais-tu avant? / What did you (use to) do before?

Avant, j'achetais des produits dans des emballages plastiques, mais plus maintenant.	I used to buy products in plastic packaging, but not any more.
J'avais l'habitude d'allumer la clim(atisation), mais désormais, j'évite.	I used to have the habit of turning on the air con(ditioning), but now I avoid it.
Je gaspillais la nourriture, mais maintenant, je garde/j'utilise/je ne jette plus les restes.	I used to waste food, but now I keep/I use/I no longer throw away the leftovers.

Quels gestes ta famille et toi avez fait pour protéger l'environnement ? / What actions have you or your family taken to protect the environment?

J'ai arrêté de laisser les appareils électriques en veille.	I've stopped leaving electrical appliances on standby.
Ma mère a commencé à faire du covoiturage.	My mum has started car-pooling.
On a acheté des scooters électriques.	We have bought electric scooters.
On a installé des panneaux solaires sur le toit de la maison.	We have installed solar panels on the roof of our house.
Mes parents ont installé une cuve pour récupérer l'eau de pluie pour arroser le jardin.	My parents have installed a tank to collect rainwater to water the garden.
J'adhère à une association écologique.	I've joined an environmental association.

Que ferais-tu pour protéger l'environnement si tu pouvais? / What would you do to protect the environment if you could?

si + imperfect + conditional

* Si c'**était** moins cher, j'**achèterais** plus de produits « verts ».	If it **were** cheaper, I **would buy** more 'green' products.
* Si j'**avais** plus de temps, je **ferais** du bénévolat dans une association pour la protection de la nature/des animaux.	If I **had** more time, I **would volunteer** with an association for the protection of nature/of animals.

Que devrait-on faire pour sauver la planète? / What should we do to save the planet?

On devrait/Il faudrait …	We should/We would need to …
… changer notre comportement quotidien.	… change our everyday behaviour.
… diminuer notre consommation de viande, qui cause beaucoup de problèmes écologiques.	… reduce our consumption of meat, which causes many environmental problems.
… apprendre à mieux économiser l'énergie/les ressources.	… learn to save energy/resources more efficiently.
… éviter le tourisme de masse dans les zones vulnérables.	… avoid mass tourism in vulnerable areas.

subjunctive

** Il faudrait que …	It would be necessary for …
… les gouvernements **prennent** le développement durable plus au sérieux.	… governments **to take** sustainable development more seriously.
… les industries **fassent** des choix écologiques, comme les énergies propres et renouvelables/comme l'énergie solaire ou éolienne.	… industries **to make** environmentally friendly choices, such as clean, renewable energy/like solar or wind power.
… nous **soyons** tous plus conscients des dangers qui menacent la planète.	… all of us **to be** more aware of the dangers threatening the planet.
… nous **arrêtions** de surexploiter la planète.	… us **to stop** over-exploiting the planet.

Vocabulary practice

3 The world around us – Le monde qui nous entoure
B The natural world and the environment – Le monde naturel et l'environnement

1 How many weather phrases start this way? Write in each category the number of weather expressions indicated. **PAGE 38**

a) Il fait ... [7]

b) Il y a ... [10]

c) Il ... [4]

2 Match the adjectives for types of climate with their definitions. **PAGES 38–39**

désertique   équatorial   polaire   tempéré   tropical

a) Il fait toujours froid et il neige et il gèle en hiver.
b) Les journées sont très chaudes et les nuits très froides. Les vents sont violents et il ne pleut presque jamais.
c) Il y a quatre saisons, avec des temps assez différents.
d) Il y a deux saisons: une saison chaude et sèche et une saison chaude et humide.
e) Il fait chaud et il pleut presque toute l'année.

À vous!
Aimez-vous le climat dans votre région? Pourquoi (pas)?

3 Match the beginnings and ends of sentences to describe where five people live. **PAGES 39–40**

A) J'adore le littoral dans ma région car
B) Ma région est très industrielle. En effet,
C) J'habite dans une belle région
D) C'est la région idéale si on aime la nature, vu qu'
E) Je n'aime pas ma région parce que c'est un endroit

a) **où** il n'y a rien d'intéressant à voir.
b) elle est riche en faune et en flore.
c) on **y** trouve beaucoup d'usines.
d) **où** les paysages sont spectaculaires.
e) on **y** trouve des plages magnifiques.

À vous!
Que pensez-vous de la région où vous habitez? Expliquez votre opinion.

4 Choose items from each column to express six ideas for protecting the environment. You can add your own words too. **PAGES 40–41**

Example: On devrait prendre des douches et non pas des bains.

il faut	acheter	des douches	plutôt que	des sacs en plastique
je vais	prendre	un sac en toile	à la place (de)	monter le chauffage
on devrait	utiliser	des produits réutilisables	au lieu (de)	des bains
il faudrait	mettre	un pull	et non pas	des vêtements neufs
		les restes		des produits jetables
		des vêtements d'occasion		gaspiller la nourriture

5 Work out the word behind each grey block! The number of letters in the word is given as a clue. **PAGES 40–4**

a) réduire son empreinte ▒ [7]
b) diminuer notre ▒ de viande [12]
c) acheter des ▒ locaux et bio [8]
d) installer une cuve pour ▒ l'eau de pluie [9]
e) faire du ▒ sélectif [3]
f) ▒ les lumières et ▒ les robinets [8 + 6]
g) ne plus laisser les appareils électriques en ▒ [6]
h) ▒ du covoiturage [5]
i) installer des ▒ solaires chez soi [8]
j) ▒ à une association écologique [7]

À vous!
Selon vous, que faire au quotidien pour protéger la planète?

3 The world around us
Le monde qui nous entoure

C L'environnement construit
C The built environment

C'est comment, là où tu habites? *What's it like where you live?* **Voir 1 B**

J'habite/Je vis dans …	I live/I live in …
… un village/un hameau (*or* un bourg)	… a village/hamlet
… une petite/grande ville/une ville de taille moyenne	… a small/large/medium-sized town (*or* city)
… la capitale du pays	… the capital of the country
… un quartier ancien/nouveau/résidentiel/commerçant/historique/moderne	… an old/new/residential/shopping/historic/modern area
… une région agricole/industrielle/touristique/urbaine	… an agricultural/industrial/touristy/urban region
C'est au bord de la mer/à la campagne/à la montagne.	It is by the sea/in the countryside/in the mountains.
C'est au centre-ville/à l'extérieur de la ville/en banlieue.	It is in the town centre/outside town/in the suburbs.
C'est/Ce n'est pas un endroit agréable.	It is/It is not a nice place.
Il y a des magasins/des boutiques comme par exemple, …	There are shops/boutiques like, for example, …
… un magasin de vêtements/de chaussures/de sport/de jouets/de fruits et légumes	… a clothes/shoe/sports/toy/fruit and vegetable shop
… une boulangerie/une pâtisserie	… a bakery/a cake shop
… une boucherie/une charcuterie/un traiteur/une poissonnerie	… a butcher's/a cooked meats butcher/a delicatessen/a fishmonger's
… une épicerie/une fromagerie	… a grocery/a cheese shop
… une papeterie/une librairie	… a stationery shop/a bookshop
… une droguerie/un tabac/une quincaillerie	… a pharmacy *or* drugstore/a tobacconist's/an ironmonger's
… une parfumerie/une bijouterie	… a perfume shop/a jewellery store
… un marché/un supermarché/une grande surface/un centre commercial	… a market/a supermarket/a hypermarket/a shopping centre (*or* mall)
On trouve aussi des lieux de sorties comme …	There are also places to go out, such as …
… un centre culturel/de loisirs/sportif	… a cultural/leisure/sports centre
… un cinéma/un théâtre/une salle de concert/une salle de spectacles/une salle des fêtes	… a cinema/a theatre/a concert hall/a performance hall/an events venue
… une bibliothèque/une médiathèque	… a library/a media library
… une discothèque/une boite de nuit	… a disco/a nightclub
… un restaurant/un café/un bar/un hôtel/un salon de thé	… a restaurant/a café/a bar/a hotel/a tearoom
… un stade/un terrain de football/une piscine	… a stadium/a football pitch/a swimming pool
… un gymnase/une salle d'escalade/une salle de sports	… a gym(nasium)/a climbing gym/a sports hall
La ville a un bon nombre d'attractions pour les visiteurs/les touristes, comme par exemple …	The town has a good number of attractions for visitors/tourists, such as …
… un monument historique/un musée/une galerie d'art	… a historic monument/a museum/an art gallery
… un château/une vieille ville/une cité médiévale	… a castle/an old town/a medieval city
… une église/une cathédrale/une mosquée/une synagogue	… a church/a cathedral/a mosque/a synagogue
… un parc/un jardin (botanique)/un zoo/un parc d'attractions	… a park/a (botanical) garden/a zoo/an amusement park

Ma ville a de bonnes infrastructures, y compris …	My town has good facilities, including …
… un hôpital/une clinique/un cabinet médical/un cabinet dentaire/une pharmacie	… a hospital/a clinic/a doctor's surgery/a dentist's surgery/a pharmacy
… le bureau de poste/la banque/le poste de police	… the post office/the bank/the police station
… le commissariat/la mairie/l'Hôtel de Ville	… the police station/the town hall/the town hall
La rue où j'habite est animée/bondée/calme/morte/vide/vivante.	**The street where** I live is busy/crowded/quiet/dead/empty/lively.
Le quartier où je vis est beau/bruyant/moche/tranquille.	**The area where** I live is beautiful/noisy/ugly/quiet.
Là où j'habite, les voisins sont sympas et chaleureux/froids et distants.	**Where** I live, the neighbours are friendly and warm/cold and distant.
L'endroit où nous vivons a beaucoup changé en mieux/en pire.	**The place where** we live has changed a lot for the better/for the worse.
Je ne connais jamais bien **le coin où** je vis parce que nous déménageons très souvent.	I never really know **the area where** I live because we move around a lot.
Quels sont les bons et mauvais côtés de ta ville/ton village?	What are the good and bad things about your town/village?
Ce qui est bien là où j'habite, c'est que les gens sont très gentils.	What is nice where I live is that people are very friendly.
Ce qui me plait ici, c'est la proximité de mon école et de mes amis.	What I like here is that it's so close to my school and my friends.
Ce qui me déplait le plus ici, c'est que personne ne se parle dans le voisinage.	What I dislike most here is that no one in the neighbourhood talks to each other.
Ce qui me manque ici, ce sont mes amis.	What I miss here are my friends.
Ce que j'aime ici, c'est qu'il y a tout à portée de main.	What I like about this place is that everything is close at hand.
Ce que j'apprécie vraiment, c'est qu'il y a beaucoup d'espaces verts.	What I really like is that there are lots of green spaces.
Ce que je n'aime pas ici, c'est qu'il n'y a rien pour les jeunes/qu'il y a trop de bruit.	What I don't like here is that there is nothing for young people/that there is too much noise.
Ce que je ne supporte pas, c'est que le quartier est toujours sale.	What I can't stand is that the neighbourhood is always dirty.
Ce que je trouve bien, c'est que tout est au coin de la rue.	What I find good is that everything is right on the street corner.
Ce que j'aimerais voir, c'est plus de rues piétonnes/plus de pistes cyclables.	What I would like to see is more pedestrian streets/more cycle routes.
ce dont + subject + verb with de	
** **Ce dont nous avons besoin** dans mon quartier, c'est plus de transports en commun.	**What we need** in my neighbourhood is more public transport.
* **Si** j'étais maire, je construirais plus de maisons/de parkings/d'aires de jeux.	If I were mayor, I would build more houses/car parks/recreation grounds.
* **Si** je pouvais changer quelque chose dans ma ville, ce serait les bus parce qu'ils ne sont pas fiables.	If I could change anything in my town, it would be the buses because they're unreliable.
** C'est un endroit **auquel** je suis très attaché(e) parce que je le connais bien/j'y vis depuis longtemps.	It's a place **to which** I'm very attached because I know it well/I've lived there for a long time.
** C'est un endroit **dans lequel** j'ai toujours aimé vivre/je n'ai jamais aimé vivre.	It's a place **in which** I've always liked to live/I've never liked living.
Comment imagines-tu ta ville à l'avenir?	How do you see your city in the future?
Il y aura plus de monde et ce sera plus sale.	There will be more people and it will be dirtier.
On verra plus de bâtiments écologiques.	We'll see more eco-friendly buildings.
Je suis pessimiste pour l'avenir: il y aura plus de circulation, plus de pollution et plus de déchets.	I'm pessimistic about the future: there will be more traffic, more pollution and more waste.
Je suis optimiste pour l'avenir: je suis sûr(e) qu'il y aura plus d'espaces verts, plus de zones piétonnes et plus de convivialité.	I'm optimistic about the future: I'm sure there will be more green spaces, more pedestrian zones and more conviviality.

3C The world around us

Préfères-tu la vie en ville ou à la campagne?	**Do you prefer life in the city or in the country?**
Personnellement, je préfère vivre en ville parce que/qu'…	Personally, I prefer living in the city because …
… on a accès à beaucoup de magasins/de distractions.	… you have access to lots of shops/entertainment.
… il y a plus choses à faire (pour les jeunes).	… there are more things to do (for young people).
Moi, j'aime mieux la vie à la campagne, parce que/qu'…	I like country life better because …
… on peut avoir un grand jardin.	… you can have a big garden.
… j'aime être dans la nature.	… I like being in nature.
plus/moins/aussi + adjective + que	
… c'est **plus** reposant/**plus** tranquille (**qu'**en ville).	… it's **more** relaxing/quiet**er** (**than** in the city).
… c'est **moins** bondé/**moins** pollué.	… it's **less** crowded/**less** polluted.
… c'est **aussi** agréable/**aussi** convivial.	… it's **just as** pleasant/**just as** friendly.
plus de/moins de/autant de + noun + que	
… il y a **plus d'**espace/**plus d'**air pur (**qu'**en ville).	… there is **more** space/**more** fresh air (**than** in the city).
… il y a **moins de** monde/**moins de** circulation/**moins de** pollution/**moins de** criminalité.	… there are **fewer** people/there is **less** traffic/**less** pollution/**less** crime.
… il y a **autant de** choses à faire.	… there's **just as** much to do.
J'ai toujours vécu à la campagne/en ville, alors c'est difficile de comparer, mais …	I've always lived in the country/town, so it's hard to compare, but …
* … **si** je pouvais, j'habiterais en ville plutôt qu'à la campagne, car à la campagne, c'est ennuyeux/il n'y a rien à faire (pour les ados).	… if I could, I would live in the city instead of the country because it's boring in the country/there's nothing to do (for teenagers).
* … **si** c'était possible, je préférerais vivre à la campagne parce que les gens sont moins stressés et plus aimables.	… if it were possible, I would prefer to live in the country because people are less stressed and friendlier.
Même s'il y a moins de distractions qu'en ville, je ne m'ennuie jamais à la campagne.	Even if there are fewer distractions than in the city, I am never bored in the country.
Même s'il y a moins de possibilités d'emploi, la vie à la campagne est moins chère/moins stressante.	Even if there are fewer job opportunities, life in the country is cheaper/less stressful.
** **Bien qu'**il n'y ait pas autant de distractions qu'en ville, je ne m'ennuie jamais à la campagne.	Although there are not as many distractions as in the city, I am never bored in the country.
** **Bien qu'**il n'y ait pas autant de possibilités d'emploi, la vie à la campagne est moins chère/moins stressante.	Although there are not as many job opportunities, life in the country is cheaper/less stressful.
Qu'as-tu fait en ville récemment?	**What have you done in town recently?**
"perfect triplets"	
La semaine dernière, <u>je suis sorti(e)</u> en ville avec des amis et <u>nous avons visité</u> plusieurs musées. <u>Nous nous sommes bien amusé(e)s</u>.	Last week, <u>I went</u> to town with some friends and <u>we visited</u> several museums. <u>We had a great time</u>.
Samedi dernier, <u>je suis allé(e)</u> au centre-ville avec ma mère et <u>nous avons fait</u> les magasins. <u>Je me suis</u> un peu <u>ennuyé(e)</u>.	Last Saturday, <u>I went</u> to the city centre with my mum and <u>we went</u> shopping. <u>I got</u> a bit <u>bored</u>.
Dimanche midi, <u>nous sommes sortis</u> au restaurant avec mes parents. <u>Nous avons mangé</u> italien. <u>Je me suis vraiment régalé(e)</u>.	On Sunday lunchtime, my parents and <u>I went</u> to a restaurant. <u>We ate</u> Italian food. <u>I really enjoyed it</u>.
Que vas-tu faire en ville bientôt?	**What are you going to be doing in town soon?**
La semaine prochaine, je vais visiter la ville avec mon/ma correspondant(e).	Next week, I'm going to visit the city with my penpal.
expressions followed by future tense	
Quand il/elle **arrivera**, s'il ne pleut pas, nous **irons** au parc d'attractions.	**When** he/she **arrives**, if it doesn't rain, we'll go to the amusement park.
J'espère qu'il/elle **trouvera** ça intéressant.	**I hope** he/she **finds** it interesting.

Aimes-tu faire du shopping?	**Do you like shopping?**
J'adore faire du shopping, c'est mon passe-temps préféré.	I love shopping, it's my favourite pastime.
Je n'aime pas du tout le shopping. Ça ne m'intéresse pas du tout.	I don't like shopping at all. It doesn't interest me at all.
Je n'ai pas beaucoup d'argent de poche, alors je fais seulement du lèche-vitrine!	I don't have much pocket money, so I just go window shopping!
J'aide à faire les courses au supermarché le weekend, mais je vais rarement dans les magasins du centre-ville.	I help with the shopping at the supermarket at the weekend, but I rarely go into the shops in the town centre.
J'ai fait du shopping hier et j'ai dépensé tout mon argent de poche!	I went shopping yesterday and I spent all my pocket money!
future tense Je **ferai** du shopping/J'**irai** faire les magasins quand les soldes **commenceront**/quand ce **sera** les soldes.	I **will go** shopping/I **will go** to the shops when the sales **begin**/when there **are** sales.
Dans les magasins de vêtements	**In clothes shops**
Bonjour, je peux vous aider?	Hello, can I help you?
Je voudrais des baskets. Ma pointure, c'est …/Je fais du 40.	I'd like some trainers (*or* sneakers). My shoe size is …/I'm a size 40.
Je cherche une chemise blanche. Ma taille, c'est …/Je fais une taille petite ou moyenne ou large./Je fais taille S/M/L.	I'm looking for a white shirt. My size is …/I'm a small/medium/large./I'm an S/M/L.
J'aime bien ces chaussures. Vous **les** avez en stock?	I like these shoes. Do you have **them** in stock?
J'adore ce pantalon. Vous **l'**avez dans une taille au-dessous/au-dessus?	I love these trousers. Do you have **them** in a size smaller/larger?
Cette robe me plaît. Je peux **l'**essayer en rouge?	I like this dress. Can I try **it** on in red?
Vous avez le même modèle dans d'autres couleurs?	Do you have the same model in other colours?
Où sont les cabines d'essayage?	Where are the fitting rooms?
Ça coute/fait combien, s'il vous plaît?/C'est quel prix?	How much is it/does that come to, please?/What's the price?
Non, je ne **le/la** prends pas. C'est trop grand/petit/large/étroit/cher.	No, I'm not taking **it**. It's too big/small/loose/tight/expensive.
Ça ne me va pas (bien/trop/du tout).	It doesn't suit me (well/too much/at all).
Il y a un défaut. Vous pouvez faire une réduction?	There's something wrong with it. Can you apply a discount?
Oui, je vais **la/le/les** prendre. Je peux régler par carte (de crédit)/en espèces?	Yes, I'll take **it/them**. Can I pay by (credit) card/in cash?
J'ai acheté ça hier, mais c'est abimé. Je peux l'échanger/être remboursé(e)?	I bought this yesterday, but it's damaged. Can I exchange it/get my money back?
J'ai le reçu/le ticket de caisse.	I have the (till) receipt.

Vocabulary practice

3 The world around us – Le monde qui nous entoure
C The built environment – L'environnement construit

1. **Can you name different places in town, at least six for each category?** PAGES 43–44

   a) **Nourriture**
   la boulangerie

   b) **Shopping**
   le centre commercial

   c) **Sport**
   la piscine

   d) **Culture**
   les monuments historiques

   e) **Attractions/Divertissements**
   le cinéma

   f) **Services**
   l'hôpital

2. **Complete these opinions about a town, using words and phrases from the box.** PAGE 44

   beaucoup   chaleureux   choses à faire   froids   la circulation bruyante
   les déchets dans les rues   les espaces verts   la proximité de mes amis
   morte   pollution   très peu   vivante

   a) **Ce qui est bien dans ma ville,** c'est qu'elle est toujours très _____.
   b) **Ce qui me plaît dans mon quartier,** c'est que les voisins sont _____.
   c) **Ce que j'aime ici,** c'est qu'il y a _____ de magasins intéressants.
   d) **Ce que je n'apprécie pas là où j'habite,** ce sont _____.
   e) **Ce qui me déplaît,** c'est qu'il n'y a pas assez de _____.
   f) **Ce que je ne supporte plus,** c'est _____.

3. **Write six sentences about your own town, using the bold sentence starters above.** PAGE 44

   Example: a) Ce qui est bien dans ma ville, c'est la proximité de mes amis.

   > **À vous!**
   > Que pensez-vous de l'endroit où vous habitez? Justifiez votre opinion.

4. **Town or countryside for you? Give your opinions: make five sentences from each grid.** PAGE 45
   Use these words in the empty column:

   plus   plus de/d'   moins   moins de/d'   aussi   autant de/d'

   a)

La vie en ville est		calme reposante stressante conviviale bruyante	qu'à la campagne.

   b)

En ville, il y a		espace pollution air pur choses à faire pour les jeunes personnes sympas	qu'à la campagne.

5. **Complete these sentences about where you would ideally like to live.** PAGE 45

   a) Si je pouvais, j'habiterais …
   b) Si c'était possible, je préférerais vivre …
   c) Si j'étais assez riche, je vivrais …

   > **À vous!**
   > Où aimeriez-vous vivre à l'avenir? Expliquez pourquoi.

4 The world of work
Le monde du travail

A L'éducation

La vie scolaire

Comment est ton école/ton collège/ton lycée?

C'est un établissement …
… public/privé/international
… mixte/de garçons/de filles
… d'environ 1000 élèves
… prestigieux/qui a une bonne réputation/parmi les meilleurs du pays
… situé au centre-ville/en banlieue/à la campagne/dans un cadre agréable

Les bâtiments de l'école (ne) sont (pas) …
… modernes/récents/vieux/anciens
… accueillants/confortables/bien équipés

Dans mon école, nous avons/il y a …
… une école maternelle/une école primaire/un collège/un lycée
… une section bilingue/une section internationale
… des salles de classe/un atelier de (design et) technologie
… une salle d'informatique/de musique/d'arts plastiques/de sports/de danse/de spectacle
… un laboratoire de sciences/de langue
… une bibliothèque/un CDI (centre d'information et de documentation)
… un gymnase/une piscine/un terrain de sport
… une cantine/une cafétéria/une salle des profs
… un internat/un pensionnat/un dortoir
… une infirmerie
… une cour/un préau/une aire de jeux/des espaces verts

ce qui + verb

Ce qui me plait dans mon école, c'est que/qu' …
… les élèves viennent de partout dans le monde.
… les relations avec les profs sont excellentes.
… les enseignants sont sympas et intéressants/sévères, mais justes.
… le directeur/la directrice/le personnel est aimable/dynamique/à notre écoute.
… il y a des activités extra-scolaires tous les après-midi après les cours.

A Education

School life

What is your school like?

It is a (school) …
… state/private/international school
… mixed-sex (or coeducational)/boys'/girls' school
… with around 1000 students
… prestigious/with a good reputation/among the best in the country
… located in the city centre/in the suburbs/in the countryside/in pleasant surroundings

The school buildings are (not) …
… modern/recent/old/ancient
… welcoming/comfortable/well equipped

In my school we have/there is/are …
… a nursery school/a primary school/a secondary school/a high school/a 6th form
… a bilingual section/an international section
… classrooms/a (design and) technology workshop
… a computer room/a music room/an arts room/a sports hall/a dance hall/an auditorium
… a science/language lab
… a library/a learning resource centre
… a gymnasium/a swimming pool/sports grounds
… a canteen/a cafeteria/a staffroom
… a boarding school/a dormitory
… an infirmary
… a playground/a covered playground/a playground/green spaces

What is good about my school is that …
… the students come from all over the world.
… the relationships with the teachers are excellent.
… the teachers are great and interesting/strict, but fair.
… the head (or principal) is/the staff are friendly/dynamic/attentive.
… there are extra-curricular activities every afternoon after lessons.

4A The world of work

ce que + subject + verb	
Ce que je n'aime pas dans mon école, c'est que/qu'…	**What** I don't like about my school is that …
… elle est trop grande/petite/loin de chez moi.	… it's too big/small/far from home.
… le règlement est trop strict/n'est pas assez strict.	… the rules are too strict/not strict enough.
… les journées sont très longues.	… the school days are very long.
On doit porter un uniforme scolaire et je trouve ça pénible.	You have to wear a school uniform and I find that annoying.
On n'a pas le droit de sortir à la pause-déjeuner et je trouve ça injuste.	We're not allowed to go out for lunch and I think that's unfair.
C'est interdit de porter du maquillage/des bijoux/des boucles d'oreilles et je trouve ça ridicule.	It's forbidden to wear makeup/jewellery/earrings and I think that's ridiculous.
Le portable est interdit en classe, mais je trouve ça normal.	Mobile (or Cell) phones are not allowed in class, but I think that's okay.
* **Si** je **pouvais** changer quelque chose,/**Si** j'**étais** directeur/directrice, …	**If** I **could** change anything,/**If** I **were** the head/principal, …
… je **rénoverais** les locaux.	… I **would refurbish** the premises.
… je **supprimerais** l'uniforme/les heures de colle.	… I **would do away** with uniforms/detention time.
… j'**organiserais** plus de sorties/de voyages scolaires.	… I **would organize** more outings/school trips.
… je **changerais** les horaires des cours.	… I **would change** the school timetable (or schedule).
Avant/Jusqu'à l'année dernière, j'étais dans une autre école, …	Before/Until last year, I was at another school …
… **où** j'avais beaucoup d'amis.	… **where** I had lots of friends.
… **où** j'étais victime de harcèlement (scolaire).	… **where** I was bullied.
… **qui** avait/n'avait pas bonne réputation.	… **which** had/didn't have a good reputation.
… **que** j'adorais parce que l'ambiance était super.	… **which** I loved because the atmosphere was great.
L'année prochaine, j'irai dans une nouvelle école, …	Next year, I'll be going to a new school …
… **où** mes frères et sœurs sont allés.	… **where** my brothers and sisters went.
… **qui** sera dans un autre pays/plus près de chez moi.	… **which** will be in another country/closer to where I live.
… **que** mes parents ont choisie pour moi.	… **that** my parents have chosen for me.
** … **dont** les résultats d'examens sont excellents.	… **whose** exam results are excellent.
Décris ton travail scolaire.	**Describe your work at school.** Voir 2 A
Cette année, je suis en classe de …	This year, I'm in year/grade …
Je suis interne/pensionnaire/externe.	I'm a boarder/a resident/a day student.
Je prépare l'examen du IGCSE.	I'm preparing for the International GCSE exam.
J'ai xx matières obligatoires. Ce sont …	I have xx compulsory subjects. They are …
… les maths/les mathématiques (*fpl*)	… maths/mathematics
… les sciences (de la vie et de la terre) (les SVT) (*fpl*)	… (life and earth) sciences
… la biologie/la chimie/la physique	… biology/chemistry/physics
… les langues vivantes/étrangères	… modern/world languages
… l'anglais/l'arabe/le français/le grec/le latin/le mandarin	… English/Arabic/French/Greek/Latin/(Mandarin) Chinese
… l'histoire/la géographie	… history/geography
… l'éducation physique et sportive (l'EPS)/le sport	… physical education (PE)/sport
J'ai aussi xx matières optionnelles, comme …	I also have xx optional subjects, such as …
… l'informatique/la technologie	… computer science/technology
… les arts plastiques/le dessin	… art/drawing
… la musique/l'art dramatique/le théâtre	… music/drama
… la religion/les études religieuses	… religious studies
Mes matières préférées, c'est économie et psychologie.	My favourite subjects are economics and psychology.

J'adore le latin et les langues vivantes.	I love Latin and modern languages.
Je suis fort(e)/assez nul(le) en maths et en sciences.	I'm good/pretty bad at maths and at science.
* **La matière qui** m'intéresse le plus, c'est … parce que je trouve ça passionnant.	**The subject that** interests me most is … because I find it fascinating.
* **La matière que** je trouve la plus facile/difficile/intéressante/ennuyeuse, c'est …	**The subject that** I find the easiest/the most difficult/the most interesting/the most boring is …
* **La matière où** je suis le plus fort/la plus forte/le plus doué/la plus doué(e), c'est …	**The subject which** I'm strongest in/best at is …
** **La matière dont** je n'aurai sans doute jamais besoin plus tard, c'est …	**The subject which** I'll probably never need later on is …
J'ai un emploi du temps très chargé.	I have a very busy timetable (*or* schedule).
J'ai xx heures de cours par semaine.	I have xx hours of lessons a week.
Je n'ai pas cours le samedi après-midi.	I don't have lessons on Saturday afternoons.
Chaque cours dure xx minutes avec un interclasse de xx minutes.	Each lesson lasts xx minutes with a(n) xx-minute break.
En classe, nous travaillons souvent seuls/à deux/en groupes.	In class, we often work alone/in pairs/in groups.
Comme matériel scolaire, nous avons …	For school equipment, we have …
… un livre/un manuel (scolaire)/un cahier d'exercices	… a book/a textbook/an exercise book
… une feuille (de travail)/un cahier	… a worksheet/a notebook
… une tablette/un ordinateur (portable)/un tableau noir/un tableau (blanc/interactif)	… a tablet/a (laptop) computer/a blackboard/an (interactive) whiteboard
… un sac/une trousse	… a bag/a pencil case
… un stylo (bille)/un crayon/des feutres	… a (ballpoint) pen/a pencil/felt tips
… une gomme/une règle	… an eraser/a ruler
… un dictionnaire (en ligne)	… a(n) (online) dictionary
Les profs donnent beaucoup/trop de devoirs.	Teachers give us a lot of/too much homework.
Nous devons prendre beaucoup de notes.	We have to take a lot of notes.
Nous avons très souvent des tests et des contrôles.	We very often have tests and exams.
J'ai/J'obtiens d'assez bonnes notes parce que je travaille dur.	I have/I get quite good marks because I work hard.
Mes résultats en maths ne sont pas très bons parce que je suis faible dans cette matière.	My maths results aren't very good because I'm weak in this subject.
Je prends des cours particuliers/J'ai besoin de soutien en anglais, vu que j'ai des difficultés dans cette matière.	I have coaching/I need help in English because I'm having difficulties in that subject.
Ça ne me dérange pas de …/J'ai très peur de …	It doesn't bother me to …/I'm afraid to …
… poser des questions/répondre aux questions	… ask questions/answer questions
… prendre la parole en classe	… speak up in class
… faire des fautes/des erreurs	… make mistakes/errors
… passer des examens	… take exams
Je n'ai pas de problème à …/J'ai du mal à …	I have no problem …/I have trouble …
… apprendre/retenir/me rappeler	… learning/retaining/remembering
… lire/écrire/parler/comprendre à l'oral	… reading/writing/speaking/understanding orally
… m'organiser/réviser/m'entrainer/étudier seul(e)	… getting organised/revising/practising/studying on my own

4A The world of work

Les études et les formations	Education and training
Que vas-tu faire après le IGCSE?	**What are you going to do after the IGCSE?**
L'année prochaine, je vais préparer le Bac International/les A Levels.	Next year, I'm going to prepare for the International Baccalaureate/A Levels.

si + present + future

Si je **réussis** mes examens de IGCSE, j'**étudierai** les maths et les sciences.	**If** I **pass** my IGCSE exams, I **will study** maths and science.
Si je **rate** mes examens, je **devrai** les repasser à la prochaine session/je **ferai** un apprentissage.	**If** I **fail** my exams, I **will have to** retake them next time/I **will do** an apprenticeship.
Si je **peux**, je **passerai** des concours pour entrer dans l'administration.	**If** I **can**, I **will take** competitive exams to join the civil service.
Comme je suis plutôt matheux(-euse)/ scientifique/ littéraire, je vais continuer à étudier les maths/les sciences/l'anglais.	As I'm rather good at maths/science/literature, I'm going to continue studying maths/science/English.

si + imperfect + conditional

* **Si** j'**étais** meilleur(e) en maths, je **prendrais** sciences physiques au Bac.	**If** I **was** better at maths, I **would take** physics at A Level.

subjunctive

** Mon prof d'histoire **voudrait que** je **prenne** histoire l'année prochaine.	My history teacher **would like** me **to take** history next year.
Qu'aimerais-tu faire après les études secondaires?	**What would you like to do after high school?**

ce qui + verb/ce que + subject + verb

* Je sais déjà/Je ne sais pas encore **ce qui** m'intéresse/**ce que** je veux faire plus tard.	I already know/I don't yet know **what** interests me/**what** I want to do later.
Je voudrais arrêter les études/continuer mes études.	I would like to stop studying/continue my studies.
J'aimerais trouver un travail/me lancer dans la vie active.	I would like to get a job/start working.
J'ai envie de prendre une année sabbatique/une année de césure pour travailler/voyager.	I would like to take a gap year to work/to go travelling.
Je projette de faire des études longues/courtes/universitaires/à l'étranger/à Oxford/en France/aux États-Unis.	I am planning to study for a degree course/a short course/at university/abroad/at Oxford/in France/in the United States.
J'ai (bien) l'intention d'obtenir un diplôme/une licence/un master/un doctorat.	I intend to get a diploma/a degree/a master's degree/a doctorate/a PhD.

future tense

* J'**espère que** je **pourrai** étudier le droit/l'économie/la médecine/les langues/le business/la politique.	I **hope** I **will be able to** study law/economics/medicine/languages/business studies/politics.

quand + future + future

* **Quand** j'**aurai** le Bac/les A Levels, j'**irai** à l'université/dans un institut spécialisé/dans une grande école.	**When** I **have** my A Levels, I **will go** to university/to a specialist institute/to a "grande école" (a specialized, top-level, high-prestige institution).

si + imperfect + conditional

* **Si** je **pouvais**, je **partirais** étudier à l'étranger.	**If** I **could**, I **would go** and study abroad.

subjunctive

** Mes parents **veulent que** j'**aille** dans une grande école et que je **fasse** des études de commerce international.	My parents **want** me **to go** to a "grande école" and **study** international business.

Quels sont les avantages et les inconvénients des études supérieures?	What are the advantages and disadvantages of higher education?
C'est clair qu'une bonne éducation supérieure …	**It's clear that** a good higher education …
… ouvre de nouveaux horizons/offre de nombreuses opportunités professionnelles.	… opens up new horizons/offers many career opportunities.
… nous donne une plus grande ouverture d'esprit.	… makes us more open-minded.
… améliore nos chances de réussite personnelle à l'avenir.	… improves our chances of personal success in the future.
C'est vrai que les qualifications …	**It's true that** qualifications …
… ouvrent des portes plus tard.	… open doors in later life.
… aident à trouver un emploi.	… help you find a job.
C'est sûr/certain que sans diplôme universitaire, on ne peut pas toujours réaliser ses rêves.	**It's certain that** without a university degree, you can't always fulfil your dreams.
C'est évident que l'éducation est un droit fondamental pour tous.	**It's obvious that** education is a fundamental right for everyone.
Ceci dit, certains trouvent les études et les examens trop stressants.	**Having said that,** some people find studying and exams too stressful.
Par contre, tout le monde ne peut pas continuer les études parce qu'elles coutent très cher.	**On the other hand,** not everyone can continue their studies because they are very expensive.
Cependant, certains ne s'intéressent pas aux études et préfèrent apprendre un métier/rentrer dans la vie active.	**However,** some people are not interested in studying and prefer to learn a trade/get on the job market.

Vocabulary practice

4 The world of work – Le monde du travail

A Education: School life/Education and training
L'éducation: La vie scolaire/Les études et les formations

1 **Which part of the school do these sentences refer to?** PAGE 48

   Example: Nous y allons pour nager trois fois par semaine. C'est <u>la piscine</u>.

   a) Je vais y manger tous les midis avec mes copains. C'est …
   b) J'y vais pour dormir le soir. C'est …
   c) Nous y faisons des expériences de sciences. C'est …
   d) Les profs s'y retrouvent pendant les récrés. C'est …
   e) J'y vais pour consulter ou emprunter des livres. C'est …
   f) On y va quand on est malade ou blessé. C'est …

2 **Take one element from each column and connect them correctly to make five sentences.** PAGES 48–49

1	2	3
Ce qui me plaît dans mon école,	ce serait l'uniforme,	**puisqu'**il est trop strict.
Ce que je n'aime pas dans mon école,	ce sont les profs,	**vu que** je le trouve ridicule.
Si je pouvais changer quelque chose,	les heures de colle,	**car** on commence trop tôt le matin.
Si j'étais directeur/directrice,	je changerais les horaires,	**parce qu'**ils sont intéressants.
J'aimerais supprimer	c'est le règlement,	**étant donné que** je les trouve injustes.

> **À vous!**
> Qu'est-ce que vous aimez et n'aimez pas dans votre école?

3a **Circle the words that don't belong in these sentences!** PAGES 49–50

   Example: Cette année, je prépare (à) l'examen de IGCSE et j'ai dix matières qui (ce) sont les maths, l'anglais, le français, etc.

   a) Je pense que la matière qui que je préfère, c'est le français parce que je la trouve est facile.
   b) J'aime les maths et c'est une matière où que je suis très beaucoup fort(e).
   c) Mes résultats en dans histoire ne sont pas bons car je suis très faible doué dans cette matière.
   d) L'année prochaine, je vais choisirai mes trois matières que préférées: le français, l'anglais et la musique.

3b Now adapt those sentences to make them true for you: change the names of school subjects (in green).

> **À vous!**
> Quelles matières étudierez-vous l'année prochaine et pourquoi?

4 **Work out the word hidden behind each black block!** PAGE 51

   a) Je ▉ déjà ce que je vais faire si j'ai mon baccalauréat.
   b) Je vais d'abord prendre une année ▉ pour me relaxer, voyager et trouver un job.
   c) Si je ▉, je partirais à l'étranger pendant un an.
   d) Après, je vais ▉ à l'université pour faire des ▉ de médecine.
   e) Selon moi, les diplômes universitaires aident à ▉ ses rêves, même si les études sont stressantes et ▉ cher.

> **À vous!**
> Qu'avez-vous l'intention de faire après le lycée?

4A The world of work

4 The world of work
Le monde du travail

B La vie active / At work

Quel métier voudrais-tu faire plus tard? Pourquoi?
What job would you like to do when you grow up? Why?

Plus tard, j'aimerais bien être/je voudrais devenir …	In the future, I'd like to be/I'd like to become …
Pour moi, le métier idéal serait …	For me, the ideal job would be …
À l'avenir, je voudrais travailler comme …	In the future, I'd like to work as …
Le métier qui m'attire le plus, c'est …	The job I'm most attracted to is …
Quand j'étais petit(e), je voulais être …	When I was a child, I wanted to be a(n) …
acteur(-trice)/rédacteur(-trice)/traducteur(-trice)/moniteur(-trice) de plongée	actor/writer/translator/diving instructor
chanteur(-euse)/danseur(-euse)/programmeur(-euse)	singer/dancer/programmer
ingénieur(-eure)/docteur(-eure)/professeur(-eure)	engineer/doctor/teacher
banquier(-ière)/cuisinier(-ière)/infirmier(-ière)/pompier(-ière)	banker/cook/nurse/firefighter
sportif(-ive) de haut niveau	top-level sportsperson
chirurgien(-ienne)/comédien(-ienne)/informaticien(-ienne)/musicien(-ienne)/pharmacien(-ienne)	surgeon/actor/computer programmer/musician/pharmacist
agent(e) de change/agent(e) de police/agent(e) immobilier/avocat(e)/agent(e) de bord	stockbroker/police officer/estate agent/lawyer/flight attendant
architecte/artiste/astronaute/comptable/dentiste/diplomate/écologiste/interprète/journaliste/notaire/pilote/secrétaire/styliste/vétérinaire	architect/artist/astronaut/accountant/dentist/diplomat/environmentalist/interpreter/journalist/solicitor/pilot/secretary/stylist/vet
chef(fe) d'entreprise/d'orchestre	CEO/orchestra conductor
homme d'affaires/femme d'affaires	businessman/businesswoman
Mon ambition, c'est d'être journaliste.	My ambition is to be a journalist.
Mon rêve, c'est de devenir **un(e)** journaliste célèbre.	My dream is to become **a** famous journalist.
Je voudrais trouver un emploi/Je voudrais faire carrière dans le domaine/le secteur …	I would like to find a job/I would like to make a career in the field/sector of …
… de l'intelligence artificielle/de l'informatique/de l'éducation/de la recherche scientifique/de la médecine.	… artificial intelligence/computing/education/scientific research/medicine.
… des finances/du commerce (international)/des affaires/du marketing.	… finance/(international) trade/business/marketing.
… de la diplomatie/des relations internationales/de l'humanitaire.	… diplomacy/international relations/humanitarian work.

4B The world of work

Ça (ne) me plairait (pas) de travailler …	I would (not) like to work …
… dans un bureau/dans une école/dans un hôpital/dans une usine.	… in an office/in a school/in a hospital/in a factory.
… à domicile/de chez moi/en télétravail.	… from home.
… à l'extérieur/en plein air/en ville.	… outside/in the open air/in town.
… avec les enfants/les jeunes/les animaux/les personnes âgées.	… with children/young people/animals/elderly people.
… seul(e)/en équipe.	… alone/in a team.
… à plein temps/à mi-temps (ou à temps partiel).	… full-time/part-time.
… pour une petite compagnie/pour une multinationale.	… for a small company/for a multinational.
… pour ma propre compagnie/à mon compte/en freelance.	… for my own company/self-employed/freelance.
J'ai envie de faire ce métier parce que …	I want to do this job because …
… je suis fort(e) en maths/en sciences/en langues.	… I'm good at maths/science/languages.
… ça a l'air/ça semble intéressant/stable/bien payé.	… it seems interesting/secure/well paid.
… j'aime communiquer avec les gens/le public.	… I like communicating with people/with the public.
… je veux aider/soigner les gens/les animaux.	… I want to help/care for people/animals.
… je veux protéger la nature/l'environnement.	… I want to protect nature/the environment.
… ça correspond à mes aptitudes/à mes centres d'intérêt.	… it matches my skills/my interests.

subjunctive

** Mes parents **veulent que** je **fasse** un métier bien rémunéré.	My parents **want** me **to have** a well-paid job.
** Mon père/Ma mère **voudrait que** je **sois** (cadre, etc) comme lui/elle.	My father/My mother **would like** me **to be** (an executive, etc) like him/her.
** Ma famille **aimerait que** j'**aille** travailler à l'étranger.	My family **would like** me **to go** and work abroad.
Qu'est ce qui est important pour toi dans un métier ?	What's important to you in a job?
Ce qui est important pour moi dans un métier, c'est …	What's important for me in a job is …
… un bon équilibre entre vie professionnelle et vie privée.	… a good work-life balance.
… de bonnes conditions de travail.	… good working conditions.
… la sécurité de l'emploi.	… job security.
… une bonne ambiance avec les collègues.	… a good atmosphere with my colleagues.
… un bon salaire/une bonne retraite.	… a good salary/a good pension.
Ce qui m'attire le plus, c'est un métier …	What attracts me most is a job …
… **qui** me permettrait de beaucoup voyager.	… **that** would allow me to travel a lot.
… **que** je pourrais faire (près) de chez moi/à domicile.	… **that** I could do (near) home/from home.
… **où** je pourrais être utile aux autres.	… **where** I could be useful to others.
** … **dans lequel** je m'épanouirais/j'aurais des responsabilités.	… **in which** I would feel fulfilled/I would have responsibilities.
Personnellement, j'aimerais être homme/femme au foyer et m'occuper de mes enfants.	Personally, I'd like to be a homemaker and look after my children.
J'ai peur d'être au chômage/d'être chômeur(-euse) plus tard.	I'm afraid of becoming unemployed in the future.

As-tu fait, fais-tu, ou vas-tu faire un stage/un petit boulot/du bénévolat?	Have you done, are you doing or are you going to do a placement/job/volunteer work? **Voir 2 A**
J'ai déjà fait/Je fais/Je vais faire …	I've already done/I'm doing/I'm going to do …
… un stage (en entreprise).	… a work placement/an internship.
… un petit boulot/un boulot temporaire/un job d'été.	… a small job/a temporary job/a summer job.
… du bénévolat.	… volunteering.
J'ai travaillé/Je travaille/Je vais travailler …	I've worked/I'm working/I'm going to work …
… comme serveur(-euse)/livreur(-euse)/vendeur(-euse).	… as a waiter/delivery person/sales assistant.
… comme animateur(-trice)/caissier(-ière).	… as a (youth) leader/a cashier.
… comme réceptionniste/secrétaire/babysitter.	… as a receptionist/secretary/babysitter.
… dans un magasin/un café/un restaurant/un bureau/dans l'entreprise de mes parents.	… in a shop/a café/a restaurant/an office/in my parents' business.
J'ai été/Je suis/Je vais être bénévole dans une association caritative/dans un refuge pour animaux.	I was/I am/I'm going to be a volunteer in a charity (*or* non-profit organization)/in an animal shelter.
J'ai travaillé/Je travaille/Je vais travailler 8 heures par semaine et j'ai gagné/je gagne/je vais gagner xx euros/dollars de l'heure.	I worked/I'm working/I'm going to work 8 hours a week and I earned/I earn/I'm going to earn xx euros/dollars an hour.
J'ai adoré/J'adore mon job/mon stage parce que …	I loved/I love my job/my placement because …
… c'était/c'est facile/enrichissant.	… it was/it is easy/rewarding.
… j'ai appris/j'apprends plein de choses.	… I learned/I'm learning lots of things.
… les collègues étaient/sont très sympas.	… my colleagues were/are very nice.
Je n'ai pas du tout aimé/Je n'aime pas du tout mon job/mon stage parce que …	I didn't like/I don't like my job/my work placement at all because …
… c'était/c'est très mal payé/difficile/stressant.	… it was/it's very badly paid/difficult/stressful.
… les conditions de travail n'étaient/ne sont pas bonnes.	… the working conditions were/are not good.
… j'étais/je suis exploité(e).	… I was/I am being exploited.
… le patron/la patronne était/est pénible.	… the boss was/is a pain.
… je n'ai rien appris/je n'apprends rien d'intéressant/d'utile.	… I didn't learn anything/I'm not learning anything interesting/useful.
Je ne travaille pas/Je n'ai pas de job parce que je n'ai pas le temps/j'ai trop de devoirs/mes parents ne veulent pas.	I don't work/I don't have a job because I don't have time/I have too much homework/my parents don't want me to.
J'ai besoin d'un job parce que mon père/ma mère a perdu son emploi/a été licencié(e)/a pris sa retraite/a démissionné.	I need a job because my father/my mother lost his/her job/was made redundant/retired/gave in his/her notice.
si + present + future	
Si je **peux**, je **trouverai** un job pour gagner de l'argent de poche.	**If** I **can**, I **will get** a job to earn some pocket money.
si + imperfect + conditional	
* **Si** je **pouvais**, je **ferais** du babysitting/je **garderais** des enfants/je **m'occuperais** d'animaux/je **ferais** les tâches ménagères pour une personne âgée.	**If** I **could**, I **would do** babysitting/**would look after** children/**would look after** animals/**would do** housework for an elderly person.

4B The world of work

Quels sont les avantages et les inconvénients d'un petit boulot/d'un stage?	What are the pros and cons of a part-time job/work placement?
* **En** travaill**ant**, …	**By** work**ing**, …
… on gagne de l'argent et on peut faire des économies.	… you earn money and you can save money.
* **En** fais**ant** un stage/**En** ay**ant** un petit boulot, …	**By** do**ing** a work placement/**By** hav**ing** a small job, …
… on découvre le monde du travail et on obtient une expérience professionnelle.	… you discover the world of work and gain professional experience.
… on devient indépendant/on entre dans la vie active.	… you become independent/you enter working life.
… on apprend des choses utiles pour l'avenir et c'est bien pour son CV.	… you learn useful things for the future and that's good for your CV (*or* resume).
Mais/Par contre/D'un autre côté/Cependant, …	But/In contrast/On the other hand/However, …
… on a moins de temps pour le travail scolaire, alors les résultats scolaires peuvent baisser.	… you have less time for schoolwork, so your results may drop.
… on se relaxe moins, donc on peut être très fatigué.	… you relax less, so you can be very tired.
… on a moins de temps libre et du coup, on voit moins ses amis ou sa famille/on a moins de temps pour les loisirs.	… you have less free time, so you see less of your friends and family/you have less time for your hobbies.
Faire une demande de stage/d'emploi	**Applying for a placement/a job**
Je cherche un travail/un emploi temporaire.	I'm looking for work/a temporary job.
J'ai vu une petite annonce.	I saw an advert.
Je voudrais poser ma candidature (au poste de …)	I would like to apply (for the position of …)
Je pense avoir les qualités/les qualifications requises.	I think I have the qualities/the qualifications required.
Je suis sérieux(-euse)/organisé(e)/ponctuel(le)/sociable/disponible.	I'm serious/organised/punctual/sociable/available.
J'ai l'esprit d'équipe.	I'm a good team player.
J'apprends vite et j'aime travailler seul(e)/en équipe.	I'm a quick learner and enjoy working alone/in a team.
Je parle anglais couramment et j'ai un bon niveau en français. Je parle un peu espagnol et j'ai des notions de mandarin.	I speak fluent English and have a good level of French. I speak a little Spanish and a few words of Chinese.
J'ai l'expérience nécessaire.	I have the necessary experience.
J'ai déjà fait une formation/un stage de …	I have already completed a training course/a placement in …
Je joins une lettre de motivation/un CV.	I attach a covering letter/CV (*or* resume).
Je suis disponible pour un entretien (d'embauche).	I am available for a (job) interview.

Vocabulary practice

4 The world of work – Le monde du travail

B At work – La vie active

1a Write down the names of the jobs illustrated, in their masculine and feminine forms. **PAGE 54**

1b Write which of those jobs would best suit these five people.
   a) « Je suis très doué(e) en sciences à l'école et je voudrais travailler avec les animaux. »
   b) « Je suis très fort(e) en géographie et en biologie et j'aimerais travailler dans la nature. »
   c) « Je suis excellent(e) en langues vivantes et mon rêve, c'est de travailler avec des enfants. »
   d) « Je suis bon(ne) en anglais, j'aime faire des recherches, parler aux gens et écrire. »
   e) « J'adore les cours de maths et d'informatique à l'école et je voudrais travailler dans l'intelligence artificielle. »

1c Imagine what someone wanting to do the remaining three jobs illustrated would say.

> **À vous!**
> Qu'est-ce que vous aimeriez faire à l'avenir? Pourquoi?

2 Use the grid below to make seven sentences about the advantages of a job. Use the correct pronoun: *qui*, *que* or *où*. **PAGES 55–56**

Je voudrais faire un métier	qui	je peux aider les enfants.
		j'ai l'occasion de beaucoup voyager.
		me passionne.
	que	je trouve enrichissant.
	où	je peux faire à domicile.
		est bien payé.
		il y a une bonne ambiance avec les collègues.

> **À vous!**
> Quel serait le métier idéal pour vous? Et le pire métier? Pourquoi?

3 Who has a positive opinion (write P) of their part-time job or work placement?

Who has a negative opinion (write N)? And who has positive and negative views (write P/N)? **PAGE 56**
   a) J'ai fait un stage dans un magasin: je n'ai rien appris et la patronne était pénible.
   b) J'ai adoré mon job d'été à la banque et du coup j'y retourne l'été prochain.
   c) Je travaille comme serveuse. C'est bien payé, mais par contre, c'est très fatigant.
   d) En faisant du babysitting, je gagne de l'argent, mais d'un autre côté, je fais moins de travail scolaire.
   e) Si je pouvais, je ferais plus d'heures au refuge parce que je trouve mon job passionnant.
   f) Les conditions de travail sont excellentes. Cependant, je suis très mal payé.

4 Find ten pros and cons of a part-time job, meaning the same as a–j below. PAGE 57
Sort them into two categories, under the heading that corresponds.

Avoir un petit boulot	
le pour	le contre
b) On obtient une expérience professionnelle.	…
…	…

a) Le temps de loisir est réduit.
b) On acquiert des compétences professionnelles.
c) On se familiarise avec la vie active.
d) On peut avoir de moins bonnes notes.
e) On peut être épuisé.
f) On reçoit un salaire.
g) On réduit son temps d'études.
h) On se repose moins.
i) On peut mettre de l'argent de côté.
j) On améliore son curriculum vitae.

À vous!
Avez-vous une expérience professionnelle? Racontez. Si non, pourquoi pas?

5 Fill in the missing words in this job application letter. PAGE 57

De:
À:
Objet:

Madame, Monsieur,

Je _____ un emploi pour l'été et j'ai vu votre petite _____ sur l'internet.

Je voudrais poser ma _____ pour le poste de réceptionniste. Je pense avoir les _____ requises car je suis sérieux, organisé et très sociable. En plus, je parle anglais et arabe couramment et j'ai un bon _____ en français.

J'ai de _____, vu que j'ai travaillé à la réception d'un hôtel l'été dernier.

Je _____ une lettre de _____ ainsi que mon CV.

Je suis _____ pour un entretien quand cela vous conviendra.

Cordialement,

Lucas Durand

4B The world of work

4 The world of work
Le monde du travail

C La communication et la technologie
Le monde numérique

Quelle(s) technologie(s) numériques utilises-tu au quotidien? Pour quoi faire?

J'utilise mon ordi(nateur) tous les jours pour …

… faire mes devoirs.

… écrire/envoyer des e-mails/des courriels.

… surfer sur le net/naviguer sur l'internet.

… faire des recherches.

… me connecter à la plateforme numérique de l'école.

… écrire un blog.

… visiter des pages web.

… aller sur des sites éducatifs.

… suivre des cours en ligne.

… jouer à des jeux vidéo (en ligne).

… télécharger de la musique/des photos/des films/des séries sur Netflix.

… créer des fichiers.

… sauvegarder des documents.

… faire des achats en ligne.

"perfect triplets"
Par exemple, hier, **je me suis connecté(e)** à l'internet, **je suis allé(e)** sur des sites en français et **j'ai fait** des recherches pour mes devoirs.

near future + future tense
Ce soir, avec ma mère, on **va faire** des achats en ligne. Après, **quand** j'**aurai** le temps, je **jouerai** à un jeu vidéo.

Je me sers de mon portable plusieurs fois par jour/de temps en temps/en dehors des cours/plus de trois heures par jour.

Je me sers de mon (téléphone) portable/mon mobile/mon smartphone/mon cellulaire (*au Québec*)/mon natel (*en Suisse*) pour …

… envoyer des textos/des SMS.

… contacter/appeler mes parents/mes amis.

… faire des appels en visio.

… aller sur les réseaux sociaux.

… suivre mes youtubeurs(-euses)/influenceurs(-euses) préféré(e)s.

… poster des messages.

… aller sur des sites web.

… prendre/partager des photos/des selfies.

… jouer à des jeux.

… voir l'heure/des vidéos/des clips.

… regarder des films/des séries en streaming.

C Communications and technology
The digital world

What digital technology do you use on a daily basis? What do you use it for?

I use my computer every day to …

… do my homework.

… write/send emails.

… surf the net/the internet.

… do some research.

… to log on to the school's digital platform.

… write a blog.

… visit web pages.

… visit educational websites.

… take online courses.

… play video games (online).

… download music/photos/films/series on Netflix.

… create files.

… save documents.

… do online shopping.

For example, yesterday **I logged on** to the internet, **I visited** some French websites and **I did** some research for my homework.

Tonight, my mum and I **are going to do** some online shopping. Afterwards, **when** I **have** time, I **will play** a video game.

I use my mobile (*or* cell) several times a day/now and then/outside lessons/more than three hours a day.

I use my mobile (phone)/my smartphone/cell (phone) several times a day to …

… send text messages/SMS.

… contact/call my parents/friends.

… make video calls.

… go on social networks.

… follow my favourite youtubers/influencers.

… post messages.

… visit websites.

… take/share photos/selfies.

… play games.

… see the time/videos/clips.

… watch films (*or* movies)/series (*or* shows) online.

4C The world of work

"perfect triplets"

Hier soir, j'ai vérifié mes messages sur mon portable et je suis allé(e) sur mes réseaux pour tchatter avec mes copains. On s'est parlé longtemps/pendant un bon moment!	Last night, I checked my messages on my mobile and I went on to my networks to chat with my friends. We talked for a long time/for ages!

near future + future tense

Ce soir, sur mon portable, je **vais regarder** le dernier clip de mon youtubeur préféré. J'**espère que** je **pourrai** aussi regarder un épisode de ma série préférée.	Tonight, on my laptop, I **am going to watch** the latest clip from my favourite youtuber. I **hope that** I **will** also **be able to** watch an episode of my favourite series/show.
Les applis sur mon portable **me sont utiles** pour …	The apps on my mobile **are useful** for …
… vérifier la météo.	… checking the weather forecast.
… me déplacer en ville.	… getting around town.
… éditer mes photos.	… editing my photos.
… regarder les actualités/les infos/des films.	… watching the news/the news/movies.
… commander des repas à emporter.	… ordering takeaway food.
… avoir les résultats sportifs.	… getting sports results.
Chez moi/À la maison, j'ai/j'utilise …	At home/At my house, I've got/I use …
** Comme équipement/appareils **dont je me sers de** temps en temps/souvent/tous les jours, il y a …	The equipment/devices **I use** sometimes/often/every day are …
… un écran (tactile)/un clavier/une souris/une webcam/un disque dur/un logiciel/une clé USB.	… a (touch) screen/a keyboard/a mouse/a webcam/a hard drive/software/a USB stick.
… une imprimante (3D).	… a (3D) printer.
… une liseuse (électronique) et des livres numériques.	… an e-reader and e-books.
… une tablette.	… a tablet.
… un appareil photo (numérique)/un drone.	… a (digital) camera/a drone.
… une enceinte connectée.	… a connected loudspeaker.
… une console de jeux.	… a games console.
… un casque (sans fil)/des écouteurs.	… (wireless) headphones/earphones.
… une connexion wifi/le ou la wifi.	… a wifi connection/wifi.
… un VPN pour regarder la télé des pays francophones.	… a VPN to watch TV from French-speaking countries.
Comment communiques-tu avec ta famille? Et avec tes amis?	**How do you communicate with your family? And with your friends?**
Avec mes parents, je communique essentiellement par texto/SMS.	With my parents, I communicate mainly by text/SMS.
Avec mes grands-parents, on s'appelle surtout au téléphone.	With my grandparents, we mostly call each other on the phone.
Avec mes amis, on se parle principalement sur les réseaux sociaux.	With my friends, we mostly talk on social networks.
Avec mon/ma meilleur(e) ami(e), on passe des heures en visio, plus particulièrement sur FaceTime ou WhatsApp.	With my best friend, we spend hours on video calls, especially on FaceTime or WhatsApp.
* Avec la technologie, je peux rester en contact avec mes amis et les membres de ma famille, **en particulier ceux qui** habitent loin/dans d'autres pays/à l'étranger.	With technology, I can keep in touch with friends and family, **especially those who** live far away/in other countries/abroad.

imperfect

Autrefois, on écrivait des lettres qui mettaient longtemps à arriver.	**In the old days, they used to write** letters that took a long time to arrive.
Par le passé, on envoyait des télégrammes en cas d'urgence.	**In the past,** telegrams **were sent** in emergencies.
Avant, les gens avaient seulement/uniquement un téléphone fixe.	**Before, people** only **had** landlines.
À l'époque de mes grands-parents, **on se débrouillait** sans (téléphone) portable.	**In the time of** my grandparents, **people managed** without a mobile (or cell).

Quels sont les côtés positifs et négatifs des technologies numériques/de l'internet?	What are the positive and negative sides of digital/internet technologies?
Pour moi,/Selon moi,/À mon avis,/Je pense que/ Je crois que/Je suis de l'opinion que/Il me semble que/qu' …	For me,/According to me,/In my view,/I think that/ I believe that/I am of the opinion that/It seems to me that …
… c'est une bonne chose.	… it's a good thing.
… elles sont bénéfiques.	… they are beneficial.
… elles font gagner du temps.	… they save time.
… elles facilitent la vie quotidienne, par exemple avec les maisons connectées.	… they make everyday life easier, for example with smart homes.
… l'internet est la plus grande invention du 20ème siècle/de l'humanité!	… the internet is the greatest invention of the 20th century/of humanity!
… on **ne** pourrait **plus** se passer des technologies numériques.	… we could **no longer** live without digital technologies.
* Personnellement, je **ne** pourrais **plus jamais** vivre sans mon portable.	Personally, I could **not** live without my mobile (*or* cell) **ever** again.
Selon moi, les plus grands bienfaits des technologies numériques sont dans le domaine de la santé/de l'éducation/de l'information.	In my opinion, the greatest benefits of digital technologies are in the areas of health/education/information.
Grâce à l'internet/**au** numérique/**au** stockage de données en « nuage »…	**Thanks to** the internet/**to** digital technology/**to** cloud data storage …
… on a accès à beaucoup plus d'informations qu'avant.	… we have access to much more information than ever before.
… on peut entrer/rester en contact avec plein de gens.	… we can get/stay in touch with lots of people.
…on communique plus facilement/plus rapidement/ gratuitement avec le monde entier.	… you can communicate more easily/more quickly/ for free with the whole world.
… on peut faire ses achats en ligne sans sortir de chez soi.	… you can shop online without leaving home.
… on peut travailler/étudier à distance/de chez soi.	… you can work/study remotely/from home.
… on fait beaucoup de progrès, comme dans le domaine scientifique/médical, etc.	… we're making a lot of progress in areas such as science/medicine, etc.
* **En** télétravaill**ant**/**En** fais**ant** des visioconférences, on réduit les déplacements et la pollution.	**By** work**ing** from home/**By** do**ing** videoconferencing, we reduce travel and pollution.
si + imperfect + conditional	
* **Si** on n'**avait** pas l'internet, on ne **pourrait** pas communiquer facilement au niveau planétaire.	If we **did** not **have** the internet, we **would** not **be able to** communicate easily on a global scale.
si + pluperfect + past conditional	
** Sans Internet/**Si** on n'**avait** pas **eu** l'internet, on n'**aurait** pas **pu** faire de cours en ligne/travailler pendant la pandémie de COVID.	Without the internet/**If** we **had** not **had** the internet, we **would** not **have been able to** study/work online during the COVID pandemic.
Par contre,/D'un autre côté,/Par ailleurs, …	On the other hand, …
Cependant,/Pourtant, …	However, …
Malheureusement, …	Unfortunately, …
… le numérique a aussi des côtés négatifs/nocifs/ dangereux/néfastes.	… digital technology also has negative/harmful/ dangerous/damaging sides.
… il faut faire attention quand on utilise ces technologies.	… you have to be careful when using these technologies.
… il faut être conscient des dangers des réseaux sociaux.	… you need to be aware of the dangers of social networks.

4C The world of work

… on peut devenir accro à son portable/aux jeux en ligne/aux réseaux sociaux.	… you can become addicted to your mobile (*or* cell)/online games/social networks.
… on peut se faire harceler en ligne/se faire cyberharceler.	… you can be bullied online.
… on ne peut jamais être sûr de la fiabilité des informations.	… you can never be sure the information is trustworthy.
… il y a des risques de vol d'identité.	… there are risks of identity theft.
… on ne peut pas effacer sa trace numérique.	… you can't erase your digital footprint.

ce qui + verb

* **Ce qui** est dangereux sur les réseaux, c'est de parler à des inconnus/c'est qu'on ne sait pas toujours à qui on parle. — **What** is dangerous on networks is talking to strangers/is that you don't always know who you're talking to.

* **Ce qui** me dérange le plus, c'est qu'on ne sait plus si quelque chose est réel ou truqué. — **What** bothers me most is that you don't always know whether something is real or fake.

ce que + subject + verb

* **Ce que** les profs n'aiment pas avec Internet, c'est que c'est facile de tricher/de faire du copier-coller. — **What** teachers don't like with the internet is that it's easy to cheat/to copy and paste.

** **Ce dont** il faut se méfier, ce sont des fausses informations/des infox. — **What** you have to watch out for is fake news.

** **Ce à quoi** il faut faire attention, ce sont les canulars/les deepfakes/les hypertrucages. — **What** you have to be careful of is hoaxes/deepfakes.

Donc/Alors/Du coup, …	So …
C'est pourquoi/Pour cette raison, …	That's why/For this reason, …
Par conséquent,/De ce fait, …	Consequently,/As a result, …
on doit …/il faut …	you must …
… faire attention quand on visite des sites web.	… be careful when visiting websites.
… protéger sa vie privée.	… protect your privacy.
… savoir identifier les dangers.	… be able to identify dangers.
… se déconnecter pour ne pas devenir accro.	… log off to avoid becoming addicted.
… éteindre régulièrement son portable.	… switch off your mobile (*or* cell) regularly.
on ne doit pas/il ne faut pas …	you mustn't …
… poster de détails personnels.	… post any personal details.
… cliquer sur des liens suspects.	… click on suspicious links.
… se laisser influencer/se laisser entraîner.	… let yourself be influenced/let yourself get carried away.

subjunctive

** **Il faut qu'**… — You must …/It's necessary to …

… on **soit** très vigilant/méfiant. — … **be** very vigilant/careful.

… on **ait** de bons mots de passe. — … **have** good passwords.

… on **sache** gérer ses paramètres de confidentialité. — … **know** how to manage your privacy settings.

… on **fasse** attention au contenu qu'on poste en ligne. — … **be** careful about what you post online.

Certains disent que les portables sont mauvais pour la santé. — Some people say that mobiles/cells are bad for your health.

On dit que la reconnaissance faciale, ça peut créer des problèmes. — People say that facial recognition can cause issues.

Beaucoup de gens ont peur de l'IA (intelligence artificielle)/de la réalité virtuelle/de la réalité augmentée. — A lot of people are afraid of AI (artificial intelligence)/of virtual reality/of augmented reality.

Vocabulary practice

4 The world of work – Le monde du travail

C Communications and technology – La communication et la technologie

1. Add the appropriate verb to each of the expressions to match the English translation. `PAGE 60`

   a) _____ sur l'internet   to surf the net
   b) _____ des cours en ligne   to take online lessons
   c) _____ de la musique   to download music
   d) _____ des documents   to save documents
   e) _____ des SMS   to send texts
   f) _____ des selfies   to take selfies
   g) _____ à des jeux en ligne   to play online games
   h) _____ mes messages   to check my messages
   i) _____ mes amis   to call my friends
   j) _____ des applis   to use apps

   À vous!
   Qu'est-ce que vous faites en ligne régulièrement?

2. Which equipment do you use, how often and what for? Fill in each section. `PAGES 60–61`

plusieurs fois par jour	plusieurs fois par semaine	de temps en temps	rarement
mon portable, pour envoyer des SMS			

3. Match the beginning and end of each sentence. Be careful with the verb tenses! `PAGE 61`

   1) Le weekend, en général,   a) je n'avais pas de portable, alors je lisais beaucoup plus.
   2) Hier soir,   b) je posterais plus de photos et de vidéos sur mon blog.
   3) Quand j'étais petite,   c) je joue à des jeux en ligne avec mes amis.
   4) Demain, si je peux,   d) j'aurais passé plus de temps sur les réseaux sociaux.
   5) Si j'avais plus de temps,   e) je suis allé(e) sur YouTube et j'ai regardé mes youtubeurs préférés.
   6) Le weekend dernier, si j'avais pu, f) je regarderai ma série favorite sur mon portable.

4. How would you complete these sentence starters to do with digital technology? `PAGES 60–62`

   Example: Si j'avais plus d'argent, j'achèterais un meilleur portable.

   a) Si j'avais plus d'argent, je/j'…
   b) Si je n'avais pas de portable, je/j'…
   c) Si je n'avais pas d'ordinateur, je/j'…
   d) Si l'école n'avait pas de plateforme numérique, je/j'…
   e) Sans l'internet, je/j'…

   À vous!
   Pourriez-vous vivre sans votre portable? Pourquoi (pas)?

5. Untangle this text about social networks. Rewrite it first in English, then in French. `PAGE 62`

   Thanks to **réseaux sociaux, je** can **rester** in touch **avec mes amis et** by going **sur les réseaux sociaux, j'apprends** a lot of things. However, **les réseaux sociaux ont aussi** negative and dangerous sides. You can never **être sûr de la** reliability **des informations. De plus, on ne sait pas** always to whom **on parle. Du coup,** you need to **faire attention** and know how to **identifier les dangers.** And above all, **il ne faut pas** become addicted!

   À vous!
   Quels sont d'autres dangers des réseaux sociaux? Quelles sont les solutions?

5 The international world
Le monde international

A Vacances et voyages: les pays, les nationalités et les langues
A Holidays and travelling: countries, nationalities and languages

Voyages-tu beaucoup à l'étranger?	Do you travel abroad a lot?	Voir 3 A
Dans quel(s) pays es-tu déjà allé(e)?	Which countries have you been to?	

Je voyage/vais souvent …/Je suis déjà allé(e) … — I often travel/go …/I have already been …
… à Singapour/Hong Kong/Paris/Londres — … to Singapore/Hong Kong/Paris/London
… en France/Grande-Bretagne/Arabie Saoudite/Australie — … to France/Great Britain/Saudi Arabia/Australia
… en Asie/Europe/Afrique/Amérique (du Nord/du Sud)/Océanie — … to Asia/Europe/Africa/(North/South) America/Oceania
… au Canada/Qatar/Portugal — … in Canada/Qatar/Portugal
… aux États-Unis/Émirats Arabes Unis/Pays-Bas — … to the United States/United Arab Emirates/Netherlands
Je visite aussi/J'ai aussi visité des pays francophones, comme le Sénégal, le Maroc, la Suisse et le Luxembourg. — I also visit/I have also visited French-speaking countries such as Senegal, Morocco, Switzerland and Luxembourg.

De quelle nationalité es-tu? Et tes parents/tes amis? — What nationality are you? And your parents/your friends?

Mon père/Ma mère est … — My father/My mother is …
Mes (grands-)parents sont … — My (grand)parents are …
français(e)(s)/anglais(e)(s)/hollandais(e)(s) — French/English/Dutch
chinois(e)(s)/danois(e)(s) — Chinese/Danish
américain(e)(s)/mexicain(e)(s)/sud-africain(e)(s) — American/Mexican/South African
états-unien(s), états-unienne(s) — from the United States
canadien(-ienne)(s)/indien(-ienne)(s) — Canadian/Indian
argentin(e)(s)/philippin(e)(s) — Argentinian/Philippine (or Filipino, Filipina)
kenyan(s), kenyane(s)/nigérian(s), nigériane(s) — Kenyan/Nigerian
belge(s)/britannique(s)/russe(s)/suisse(s) — Belgian/British/Russian/Swiss
turc(s), turque(s)/grec(s), grecque(s) — Turkish/Greek

Quelle(s) langue(s) parles-tu? Et tes parents/tes amis? — What language(s) do you speak? What about your parents/your friends?

Je/Il/Elle parle … Ils/Elles parlent … — I speak …/He/She speaks … They speak …
Ma langue maternelle, c'est le/l' … — My mother tongue is …
mais je parle aussi le/l'… — but I also speak …
le français/l'anglais/le néerlandais/le japonais/le portugais/le polonais — French/English/Dutch/Japanese/Portuguese/Polish
le chinois/le gallois — Chinese/Welsh
l'italien/l'ukrainien/le vietnamien — Italian/Ukrainian/Vietnamese
le bengali/le pendjabi/l'hindi/le farsi/le swahili — Bengali/Punjabi/Hindi/Farsi/Swahili
l'allemand/le flamand — German/Flemish
l'arabe/le russe/le gaélique/le créole — Arabic/Russian/Gaelic/Creole
l'espagnol/le grec/l'hébreu/le mandarin/le coréen/l'ourdou — Spanish/Greek/Hebrew/Mandarin/Korean/Urdu
J'ai des rudiments de latin. — I have a rudimentary knowledge of Latin.
Je me débrouille en français. (fam) — I get by in French.

J'ai quelques notions d'italien.	I have some Italian.
Je parle couramment deux langues.	I speak two languages fluently.
Je suis bilingue/trilingue/multilingue.	I am bilingual/trilingual/multilingual.
Raconte ton dernier voyage à l'étranger.	**Tell us about your last trip abroad.**
perfect tense	
Je **suis allé(e)** à/en/au/aux + *ville/pays*	I **went** to + *city/country*
Je **suis parti(e)** fin juillet et je **suis rentré(e)** fin aout. Je **suis resté(e)** un mois.	I **left** at the end of July and **came back** at the end of August. I **stayed** for a month.
J'**ai pris** l'avion et le voyage **a duré** 18 heures.	I **got on** a plane and the journey **took** 18 hours.
Nous **avons fait** escale à Dubaï.	We **had** a stopover in Dubai.
J'**ai logé** …	I **stayed** …
… chez mes grands-parents/chez des membres de ma famille/chez des amis/chez l'habitant	… with my grandparents/with family members/with friends/at a local's house
… dans un hôtel (4 étoiles)/une location/un gite/une chambre d'hôte/une auberge de jeunesse/un camping	… in a (4-star) hotel/a rental/a gite/a bed and breakfast/a youth hostel/at a campsite
J'**ai rendu visite** à/Je **suis allé(e) voir** ma famille/des amis.	I **visited**/I **went to see** my family/some friends.
J'**ai passé** du temps/de bons moments en famille/dans notre villa/au bord de la mer/à la campagne/à la montagne.	I **spent** time/**had** a great time with my family/in our villa/by the sea/in the countryside/in the mountains.
J'**ai visité**/J'**ai découvert**/J'**ai vu** des endroits intéressants, comme des musées et des monuments.	I **visited**/I **discovered**/I **saw** interesting places, such as museums and monuments.
J'**ai bu** et j'**ai mangé** des spécialités locales. Je **me suis régalé(e)**!	I **drank** and **ate** local specialities. I **enjoyed** them!
J'**ai fait** des excursions/des randonnées/des balades/des activités.	I **went on** excursions/hikes/walks/I **did** activities.
J'**ai rencontré** d'autres jeunes/des gens du coin sympas. (*fam*)	I **met** other young people/nice local people.
Ce voyage **m'a** (beaucoup) **plu**/ne **m'**a pas (du tout) **plu**.	I **liked** this trip (a lot)/I **didn't like** this trip (at all).
Je **me suis** vraiment **amusé(e)/reposé(e)/ennuyé(e)**.	I really **enjoyed myself/rested/got bored**.
Qu'est-ce que tu faisais en vacances quand tu étais plus jeune?	**What did you use to do on holiday when you were younger?**
imperfect tense	
Quand j'**étais** petit(e)/plus jeune, …	When I **was** little/younger, …
… je **passais** mes vacances chez mes grands-parents/dans ma famille à/en/au/aux + *endroit*	… I **used to spend** my holidays with my grandparents/my family in + *place*
… nous **allions** dans notre maison de vacances à/en/au/aux + *endroit*	… we **used to go** to our holiday home in + *place*
… j'**allais** en camp de vacances/en colonie de vacances.	… I **used to go** to a holiday camp/to a summer camp.
… je **faisais** des stages de langues/de musique/de théâtre/de sport.	… I **used to take** language/music/theatre/sports workshops.
Avant, je **voyageais** avec mes parents/mes frères et sœurs/en voyage organisé/seul(e)/en mineur(e) non accompagné(e).	Before, I **used to travel** with my parents/my brothers and sisters/on an organized trip/alone/as an unaccompanied minor.
Quels sont tes projets de voyages à l'étranger?	**What are your plans for travelling abroad?**
Je voudrais/J'aimerais bien/beaucoup visiter/trouver un petit boulot à/en/au/aux + *ville/pays*	I would like to visit/find a job in + *city/country*
J'ai l'intention de faire un séjour/faire du volontariat à/en/au/aux + *ville/pays*	I intend to have a stay in/do volunteering in + *city/country*
Après les examens, je vais aller à/en/au/aux + *ville/pays*	After my exams, I am going to go to + *city/country*

5A The international world

J'espère que l'été prochain, je pourrai aller à l'étranger.	I hope that next summer, I can go abroad.
si + present + future	
Si je **peux**, l'année prochaine, **j'irai** à/en/au/aux + *ville/pays*	**If** I **can**, next year, **I will go** to + *city/country*
si + imperfect + conditional	
Si c'**était** possible, je **ferais** un tour du monde!	**If** it **were** possible, **I would travel** around the world!
Quels sont les avantages/les inconvénients des voyages à l'étranger, selon toi?	What do you think are the advantages/disadvantages of travelling abroad?
Quand je voyage à l'étranger, je peux …	When I travel abroad, I can …
… vivre de nouvelles expériences.	… enjoy new experiences.
… découvrir des choses nouvelles.	… discover new things.
… rencontrer des gens/des jeunes d'autres pays.	… meet people/young people from other countries.
… me faire de nouveaux amis dans tous les coins du monde!	… make new friends from all over the world!
* En voyageant à l'étranger, je peux …	By travelling abroad, I can …
… parler d'autres langues que **la mienne**.	… speak languages other than **mine**.
… visiter un pays qui n'est pas **le mien**.	… visit a country that isn't **mine**.
… découvrir une culture/une façon de vivre différente **de la mienne**.	… discover a culture/a way of life that is different **from mine**.
… manger des repas différents **des miens**.	… eat meals that are different **from mine**.
… découvrir des traditions différentes **des miennes**.	… discover traditions that are different **from mine**.
Si **on** ne quitte jamais **son** pays, **on** ne sort jamais de **sa** zone de confort.	If **you** never leave **your** country, **you** never go out of **your** comfort zone.
Si **on** voyage à l'étranger, **on** peut élargir **ses** horizons/**ses** connaissances.	If **you** travel abroad, **you** can broaden **your** horizons/**your** knowledge.
* Voyager à l'étranger est essentiel pour/permet de découvrir d'autres modes de vie que **le sien**.	Travelling abroad is essential to/allows you to discover ways of life other than **your own**.
Selon moi, les inconvénients des voyages à l'étranger sont que/qu'…	In my opinion, the disadvantages of travelling abroad are that …
… ils prennent du temps.	… it takes time.
… ils coutent cher.	… it's expensive.
… les transports ont un impact négatif sur l'environnement.	… transport has a negative impact on the environment.
… le décalage horaire peut être un problème.	… jet lag can be an issue.
… on peut avoir des problèmes de communication si on ne parle pas la langue.	… you can have communication problems if you don't speak the language.
… on ne connait pas les codes culturels du pays/ce qu'il faut ou ne faut pas faire.	… you don't know the cultural codes of the country/what you should or shouldn't do.

Vocabulary practice

5 The international world – Le monde international

A Holidays and travelling: countries, nationalities and languages
Vacances et voyages: les pays, les nationalités et les langues

1 Circle the correct places this person has visited: use the preposition as a clue each time. **PAGE 65**

   a) Je suis allée **à** France / Canada / Paris / Pays-Bas.
   b) Quand j'étais petite, j'allais souvent **en** Canada / Shanghai / Australie / Singapour.
   c) J'ai l'intention d'aller **au** Portugal / Inde / Émirats Arabes Unis / Dubaï.
   d) J'aimerais aussi aller **aux** Hong Kong / États-Unis / Sénégal / Italie.

> **À vous!**
> Quels pays avez-vous déjà visités? Dans quels pays aimeriez-vous aller?

2 Think of the French names for these nationalities and decide which one is the odd one out in French and why. **PAGE 65**

   a) French   English   British   Dutch
   b) Chinese   Russian   Swiss   Belgian
   c) Mexican   Indian   American   South-African

3 Copy and complete the sentences about the languages you speak. **PAGES 65–66**

   a) J'ai des rudiments de …
   b) Je me débrouille en …
   c) Je parle couramment le/l'…
   d) Je suis bilingue/trilingue en …

> **À vous!**
> Quelle est votre langue maternelle?
> Quelle(s) autre(s) langue(s) parlez-vous?

4 Untangle this text about a trip abroad. Rewrite it first in English, then in French. **PAGE 66**

   L'été, *I travel a lot* **avec mes parents**. Normalement, *we go to visit* **à la famille. L'été dernier, nous sommes allés** *to Italy* **où** *we stayed* **chez des cousins très sympas.** *I discovered* **des endroits fantastiques** *and visited* **beaucoup de musées passionnants.** *I didn't get bored! We also ate* **beaucoup de spécialités locales délicieuses.** *We really enjoyed our food!* **J'ai passé** *a great time* **avec ma famille** *on this trip* **et** *I really enjoyed that.*

> **À vous!**
> Où êtes-vous allé(e) lors de votre dernier voyage, avec qui, et pourquoi? Qu'est-ce que vous avez fait? C'était comment?

5 Look at page 67 and make a list of what you think are the pros and cons of travelling abroad. Add your own ideas to the lists. **PAGE 67**
   Remember: 'you' is often translated as *on* in French and in that case, 'your' is translated as *son/sa/ses*.

Les avantages des voyages à l'étranger	Les inconvénients des voyages à l'étranger
On peut élargir ses horizons.	On doit sortir de sa zone de confort.
…	

> **À vous!**
> Que pensez-vous des voyages à l'étranger?

5 The international world
Le monde international

B Fêtes et célébrations: la culture, les coutumes, la religion et les fêtes
B Festivals and special occasions: culture, customs, faiths and celebrations

Quelle(s) fête(s) de famille célèbres-tu pendant l'année?	What family occasions do you celebrate during the year?
En général, dans ma famille, nous fêtons/célébrons …	In my family, we usually celebrate …
… la naissance d'un bébé	… the birth of a baby
… un anniversaire	… a birthday
… la réussite à un examen/au permis de conduire	… passing an exam/a driving test
… la remise d'un diplôme	… a graduation ceremony
… des fiançailles	… an engagement
… un mariage/un PACS	… a marriage/a civil partnership
… un anniversaire de mariage	… a wedding anniversary
… une cousinade	… a cousins' party
… la fête des mères/des pères/des grands-mères/des grands-pères	… Mothers'/Fathers'/Grandmothers'/Grandfathers' Day
… le jour de ma fête	… my name day (or my saint's day)
… la Fête Nationale	… the national day
… le Nouvel An	… New Year's Day
Avec mon petit ami/ma petite amie, nous fêtons la Saint-Valentin.	My boyfriend/My girlfriend and I celebrate Valentine's Day.
Nous nous retrouvons de temps en temps en famille à l'occasion d'un mariage ou d'un enterrement.	We occasionally get together as a family for weddings or funerals.
Nous ne faisons pas souvent de fêtes de famille parce que nous habitons tous trop loin les uns des autres.	We don't often have family celebrations because we all live too far apart.
Depuis que nous vivons ici (aux États-Unis/au Japon/en Chine), nous célébrons aussi les fêtes locales en famille, comme le Thanksgiving/le Shichi-Go-San/la Fête de la Lune.	Since we've been living here (in the United States/in Japan/in China), we've also celebrated local holidays as a family, such as Thanksgiving/Shichi-Go-San/the Moon Festival.
Pratiques-tu une religion? Quelle(s) fête(s) religieuse(s) célèbres-tu?	Do you practise a religion? What religious festival(s) do you celebrate?
Je suis croyant(e)/pratiquant(e).	I believe in/practise a religion.
Je ne suis pas croyant(e)/pratiquant(e).	I do not believe in/practise a religion
Ma famille est athée/chrétienne/catholique/protestante/juive/musulmane/hindoue/sikhe.	My family is atheist/Christian/Catholic/Protestant/Jewish/Muslim/Hindu/Sikh.
Nous sommes croyants, mais nous ne pratiquons pas.	We believe, but we do not practise.
Mes parents ont la foi et prient/font leurs prières.	My parents have faith and pray/say their prayers.
Nous allons régulièrement …	We regularly go …
… à l'église/à la synagogue/à la mosquée.	… to church/to the synagogue/to the mosque.
… au temple/au mandir/au sanctuaire.	… to the temple/to the mandir/to the sanctuary.

En général, nous nous retrouvons en famille pour fêter/célébrer …	We usually get together as a family to celebrate …
… une naissance	… a birth
… un baptême	… a baptism/christening
… une communion	… a communion
… une circoncision	… a circumcision
… une bar-mitzvah/bat-mitzvah	… a bar-mitzvah/a bat-mitzvah

Quelle est ta fête préférée? Pourquoi? / What's your favourite special occasion? Why?

Ma fête préférée, c'est …	My favourite special occasion is …
… le réveillon de Noël/le jour de Noël	… Christmas Eve/Christmas Day
… l'Épiphanie/la fête des rois	… Epiphany/Twelfth Night
… Mardi Gras/le Carnaval	… Mardi Gras/Carnival
… la Chandeleur	… Candlemas
… Pâques	… Easter
… Pessah/la Pâque juive	… Pesach/the Jewish Passover
… Hanoucca	… Hanukkah
… l'Achoura/l'Aïd-el-Kebir/l'Aïd-el-Fitr/la fin du Ramadan	… Ashura/Eid-el-Kebir/Eid-el-Fitr/the end of Ramadan
… Divali/Diwali/Dipavali	… Diwali
La fête que je préfère, c'est mon anniversaire parce que j'ai des cadeaux avec ma famille et mes amis!	My favourite special occasion is my birthday because I get presents with my family and friends!
J'aime bien la Fête Nationale/le 14 juillet parce que c'est un jour férié/il y a des feux d'artifice.	I like the National Day/Bastille Day because it's a public holiday/there are fireworks.
La fête que j'aime le plus, c'est Divali parce que j'adore décorer la maison avec des bougies.	My favourite holiday is Diwali because I love decorating the house with candles.
Par contre/Cependant, je n'aime pas Halloween parce que je n'aime pas les déguisements et « un bonbon ou un sort »!	On the other hand, I don't like Halloween because I don't like the costumes and "trick or treating"!
La fête que j'aime le moins, c'est la Toussaint, parce que je n'aime pas aller au cimetière.	My least favourite festival is All Saints' Day, because I don't like going to the cemetery.

Comment as-tu célébré ta dernière fête en famille/avec des amis? / How did you last celebrate a special occasion with family/your friends?

Ma dernière fête de famille, c'était le mariage d'une cousine.	The last party with my family was a cousin's wedding.
La dernière fête que j'ai célébrée avec ma famille, c'était les 18 ans de mon frère.	The last party I celebrated with my family was my brother's 18th birthday.
J'ai organisé une fête surprise pour les 50 ans de ma mère.	I organized a surprise party for my mother's 50th birthday.
* La semaine dernière, j'ai fêté mon anniversaire …	Last week, I celebrated my birthday …
… **en faisant/organisant** une grande fête avec mes amis.	… **by having/organizing** a big party with my friends.
… **en passant** un weekend à la mer/à la campagne/en montagne avec ma famille et mes amis proches.	… **by spending** a weekend at the seaside/in the countryside/in the mountains with my family and close friends.
… **en invitant** mes amis au restaurant.	… **by inviting** my friends to a restaurant.
… **en soufflant** des bougies sur un gâteau.	… **by blowing out** candles on a cake.
* Il y a dix jours, nous avons fêté l'anniversaire de mon père/ma mère …	Ten days ago, we celebrated my mother's/father's birthday …
… en **lui** souhaitant « Bon/Joyeux anniversaire! »	… by wishing **him/her** "Happy birthday!"
… en **lui** envoyant/donnant une carte/des fleurs.	… by sending/giving **him/her** a card/flowers.
* Hier, nous avons célébré les 50 ans de mariage/les noces d'or de mes grands-parents …	Yesterday, we celebrated my grandparents' 50th wedding anniversary/golden wedding anniversary …
… en **leur** achetant un beau cadeau.	… by buying **them** a nice present.
… en **leur** offrant un voyage.	… by paying **for them** to go on a trip.

5B The international world

Nous nous sommes bien habillés/Nous avons mis de beaux habits/nos vêtements de fête pour l'occasion.	We got all dressed up/We put on some nice clothes/our festive clothes for the occasion.
Nous avons passé un très bon moment ensemble/une excellente journée.	We had a great time together/an excellent day.
C'était une fête/un moment/une soirée inoubliable/qu'on n'oubliera jamais!	It was a party/a moment/an unforgettable evening/that we'll never forget!

"perfect triplets"
Pour l'anniversaire de mon meilleur ami, <u>nous sommes allés</u> en boite et <u>nous avons</u> beaucoup <u>dansé</u>. <u>Nous nous sommes</u> vraiment bien <u>amusés</u>!	For my best friend's birthday, <u>we went</u> to a club and <u>danced</u> a lot. <u>We</u> really <u>enjoyed ourselves</u>!

Quelle est la prochaine fête que tu vas célébrer? / What special occasion are you going to celebrate next?

Dans dix jours, je vais célébrer le Nouvel An chinois.	In ten days' time, I am going to celebrate Chinese New Year.
La semaine prochaine, on va fêter la remise des diplômes à l'université de mon frère.	Next week, we're going to celebrate my brother's graduation from university.
À la fin de l'année scolaire, mes amis et moi allons fêter la fin des examens ensemble.	At the end of the school year, my friends and I are going to celebrate the end of exams together.
Bientôt, ce sera mon anniversaire et j'ai hâte!/j'attends ça avec impatience!	Soon it will be my birthday and I can't wait!
Quand j'aurai 18 ans, je sortirai avec mes amis et nous irons en boite/en discothèque.	When I am 18, I will go out with my friends and we will go clubbing.
Pour mes 16 ans, si je peux, je passerai la journée dans un parc d'attractions avec mes amis.	For my 16th birthday, if I can, I will spend the day at a theme park with my friends.
Nous ne sommes pas chrétiens, et pourtant/cependant/néanmoins, nous fêterons Noël parce que nous aimons beaucoup cette fête.	We're not Christians, but/however/nevertheless we'll celebrate Christmas because we love it.
* **Même si** nous ne **sommes** pas chrétiens, nous allons fêter l'Épiphanie en mangeant une galette des rois.	**Even though** we **are** not Christians, we're going to celebrate Epiphany by eating a galette des rois.

subjunctive
** **Bien que** nous ne **soyons** pas religieux, nous célébrerons l'Aïd en partageant un repas et des petits gâteaux avec nos amis et voisins.	**Even though** we **are** not religious, we'll celebrate Eid by sharing a meal and cakes with our friends and neighbours.
** **Quoique** la religion ne **soit** pas importante pour nous, nous allons fêter le Carnaval en nous déguisant!	**Although** religion **is** not important to us, we're going to celebrate Carnival by dressing up!

Connais-tu une fête francophone traditionnelle/une fête traditionnelle de ton pays/du pays où tu habites? Laquelle? / Do you know a traditional French festival/a traditional festival in your country/in the country where you live? Which one?

Je sais qu'en/au/aux (+ *pays*), on commémore …	I know that in (+ *country*) they celebrate …
… l'indépendance/l'armistice	… Independence Day/Armistice Day
… l'abolition de l'esclavage	… the abolition of slavery
Ici, on célèbre la Fête des Voisins/la Fête de la Musique.	Here, we celebrate Neighbours' Day/World Music Day.
Je connais la Fête Nationale française …	I know about the French National Day …
… **qui** est célébrée/qui a lieu le 14 juillet.	… **which** is celebrated/which takes place on 14th July.
… **que** l'on fête en dansant dans des bals de rue.	… **which** is celebrated by dancing in the streets.
** … **pendant laquelle** il y a un défilé militaire à Paris et des feux d'artifice.	… **during which** there is a military parade in Paris and fireworks.
** … **pour laquelle** les gens ont un jour de congé.	… **for which** people have a day off.
En Guadeloupe, on fait le « Chanté Nwel » …	In Guadeloupe, there's the "Chanté Nwel" …
… **qui** commence fin octobre et continue jusqu'au 25 décembre.	… **which** begins at the end of October and continues until 25th December.
** … **pendant lequel** les gens se retrouvent pour chanter des chansons de Noël.	… **during which** people get together to sing Christmas songs.

Selon toi, quelle est l'importance des fêtes de famille?	**How important do you think family celebrations are?**
Moi, je pense que les fêtes sont importantes parce qu'on peut se retrouver en famille/entre amis.	Personally, I think celebrations are important because people can get together with family and friends.
Personnellement, je crois que c'est très important/ très bénéfique de réunir les différentes générations.	Personally, I think it's very important/beneficial to bring the different generations together.
En ce qui me concerne, je trouve que faire la fête, ça détend et c'est bon pour la santé mentale!	As far as I'm concerned, I find that partying is relaxing and it's good for your mental health!
Il me semble que les fêtes permettent de transmettre les traditions/les valeurs de sa communauté.	It seems to me that festivals are a way of passing on the traditions/the values of the community.

subjunctive

** **Je ne pense pas que** les fêtes **soient** importantes, surtout quand elles sont trop commercialisées.

I don't think festivals **are** important, especially when they're too commercialized.

** **Je crains que** pour certaines familles, des fêtes comme Noël **soient** difficiles parce qu'elles coutent très cher.

I'm afraid that for some families, celebrations like Christmas **are** difficult because they cost a lot of money.

Vocabulary practice

5 The international world – Le monde international

B Festivals and special occasions: culture, customs, faiths and celebrations
Fêtes et célébrations: la culture, les coutumes, la religion et les fêtes

1 Can you name each of the celebrations illustrated here? **PAGE 69**

a)
b)
c)
d)
e)
f)

2 Find the words to fill the gaps in this message about family celebrations. **PAGES 70–71**

J'adore les fêtes de famille. Avec mes parents, nous _____ toujours les anniversaires. Nous nous _____ ensemble autour d'un bon _____ et mon père fait un gros gâteau avec des _____.
Pour ma sœur qui n'habite plus avec nous, nous ne _____ faisons pas de cadeau mais nous _____ souhaitons son anniversaire sur Zoom.
Pour l'anniversaire de mes grands-parents, nous _____ envoyons une carte et des fleurs. Normalement, je fête aussi mon anniversaire avec mes amis en les _____ à sortir au cinéma ou au restaurant.

> **À vous!**
> Quelle est votre fête de famille préférée? Comment la célébrez-vous?

3 Complete the descriptions of festivals, using words from the box.
Which festival is each one describing? **PAGES 70–71**

qui   que   lequel   laquelle

a) C'est une fête pour _____ les Français ont un jour de congé.
b) C'est un jour pendant _____ on se retrouve avec les gens qui habitent à côté.
c) C'est une fête _____ est célébrée par les amoureux en s'échangeant des cartes.
d) C'est une fête _____ l'on célèbre en faisant ou en écoutant de la musique.
e) C'est une fête pendant _____ on se déguise et on défile dans les rues.
f) C'est une célébration _____ dure de la fin octobre au 25 décembre en Guadeloupe.

> **À vous!**
> Décrivez une fête dans un pays francophone ou dans votre pays.

4 Spot the mistake! Read the following sentences about a future celebration and correct the mistake in each.

PAGES 70–71

a) Nous allons bientôt célébré le Nouvel An chinois.
b) Le mois dernier, on va fêter la fin des examens. J'ai hâte!
c) Dans une semaine, on a aller à la remise des diplômes de ma sœur.
d) Quand j'ai 16 ans, je ferai une fête d'anniversaire chez moi.
e) Si je pourrai, j'inviterai tous mes amis à ma fête.

> **À vous!**
> Comment allez-vous fêter votre prochain anniversaire?

5 Select a clause from each column, combining them to make four correct sentences about festivals and celebrations.

PAGE 72

1	Je pense que	a	les fêtes de famille sont très importantes	(i)	parce que les contacts avec ses proches sont extrêmement bénéfiques.
2	Je ne pense pas que	b	dépenser tout son argent pour une fête soit une bonne idée	(ii)	vu que cela coute très cher à mes parents.
3	Dans mon pays, on croit que	c	dans ma famille, les fêtes sont essentielles	(iii)	car beaucoup d'entre elles sont trop commercialisées.
4	Dans mon pays, on ne croit pas que	d	m'acheter des cadeaux à Noël soit absolument essentiel	(iv)	puisque je peux revoir tous mes proches.

> **À vous!**
> Quels sont les avantages et les inconvénients des fêtes traditionnelles, selon vous?

5 The international world
Le monde international

C Questions sociales et internationales / Social and international issues

Quel problème mondial t'inquiète le plus? / Which global issue worries you the most?

- * Ce qui me fait peur/m'inquiète/me préoccupe … / What worries me is …
- * Ce qui me choque le plus, c'est/ce sont … / What shocks me the most is …
- * Ce que je crains le plus, c'est/ce sont … / What I fear the most is …
- ** Ce dont j'ai le plus peur, c'est/ce sont … / What I am most afraid of is …

… le réchauffement climatique/la pollution/les catastrophes naturelles//la déforestation / … global warming/pollution/natural disasters/deforestation

… la pauvreté/la faim dans le monde / … poverty/hunger in the world

… les inégalités entre les gens/les pays / … inequality between people/countries

… le traitement des réfugiés (de guerre/climatiques/économiques) / … the treatment of (war/climate/economic) refugees

… le racisme/la xénophobie / … racism/xenophobia

… le sexisme/l'homophobie / … sexism/homophobia

… les discriminations/les injustices / … discrimination/injustice

… la guerre/les conflits armés/les attentats/le terrorisme / … war/armed conflict/terrorist attacks

Quel est le plus grand problème en/aux/aux/à … + endroit/pays? / What do you think is the biggest issue in + place/country? **Voir 3 B**

Pour moi, le problème le plus grave, c'est … / For me, the most serious problem is …

… les écarts entre riches et pauvres/hommes et femmes/personnes de couleur et blancs / … the gap between rich and poor/men and women/coloured and white people

… la violence/l'insécurité/le vandalisme/la criminalité / … violence/insecurity/vandalism/crime

… la crise économique / … the economic crisis

… la précarité / … precariousness (or insecurity)

… le sans-abrisme/les sans-abris/les SDF (= sans domicile fixe) / … homelessness/homeless people

… le taux de chômage/le chômage des jeunes / … high unemployment/youth unemployment

… la marginalisation des personnes âgées/des personnes handicapées / … marginalization of older people/of disabled people

… la toxicomanie/l'alcoolisme chez les jeunes / … drug addiction/alcohol abuse among young people

Est-ce que tu fais (as fait) quelque chose pour aider à résoudre ce problème?	Are you doing/Have you done something to help solve this problem?
Je fais partie/Je suis membre d'une association caritative/d'un organisme de bienfaisance/du comité de durabilité de mon école.	I belong to/I am a member of a charity/a charitable organization/my school's sustainability committee.
Je fais du bénévolat avec une organisation qui aide les personnes défavorisées.	I volunteer with an organization that helps disadvantaged people.
Je suis bénévole pour un organisme qui collecte des fonds pour aider les plus démunis.	I am a volunteer for an organization that raises funds to help the most disadvantaged.
Je participe à des actions/des projets humanitaires pour aider les SDF.	I take part in humanitarian actions/projects to help the homeless.
Que penses-tu faire plus tard pour aider?	**What do you plan to do in the future to help?**
Plus tard/À l'avenir/Quand je serai plus vieux/vieille, …	Later/In the future/When I'm older, …
… je serai bénévole dans une banque alimentaire.	… I'll volunteer at a food bank.
… je ferai des dons à des associations.	… I'll make donations to charities.
… je lutterai/je me battrai contre les inégalités/les injustices/la pauvreté, etc.	… I will fight against inequality/injustice/poverty, etc.
… je participerai à des campagnes d'information sur les drogues.	… I'll take part in information campaigns about drugs.

Vocabulary practice

5 The international world – Le monde international
C Social and international issues – Questions sociales et internationales

1 Word snakes: rewrite the sentences about global issues with the appropriate breaks in. Don't forget to add punctuation! **PAGE 75**

a) Selonmoileplusgrandproblèmec'estleréchauffementclimatique

b) Cequim'inquièteleplussontlesinégalitésentrelesgens

c) Cequejecrainsleplusc'estlaguerre

d) Cedontj'ailepluspeurcesontleracismeetlaxénophobie

e) Cequimepréoccupeleplusc'estlafaimdanslemonde

2 Fill in the missing vowels (a, e, i, o, u) in the words to complete these sentences about local issues. Don't forget to add accents where needed! **PAGE 75**

a) S_l_n m___, l_s pr_bl_m_s l_s pl_s gr_v_s _c_,
c_ s_nt l_ cr_s_ _c_n_m_q__ _t l_ pr_c_r_t_.

b) C_ q__ m'_nq____ t_ l_ pl_s,
c'_st l_ t__x d_ ch_m_g_ d_s j__n_s.

c) C_ d_nt j'__ l_ pl_s p__r,
c_ s_nt l_ t_x_c_m_n__ _t
l'_lc__l_sm_ ch_z l_s j__n_s.

d) C_ q__ m_ pr__cc_p_ b____c__p,
c_ s_nt l_s _c_rts _ntr_ r_ch_s _t p__vr_s.

e) C_ q__ m_ ch_qu__ _c_,
c'_st l_ n_mbr_ d_ s_ns-_br__s.

> **À vous!**
> Quel problème au niveau local ou mondial vous préoccupe le plus?

3 Complete the expressions to say what people can do to help. **PAGE 76**

a) faire _____ d'une association caritative
= être _____ d'une organisation locale

b) _____ du bénévolat
= _____ bénévole

c) collecter des _____ pour aider les démunis

d) participer à des _____ humanitaires

e) _____ contre la pauvreté

f) participer à des _____ d'information

> **À vous!**
> Qu'est-ce que vous voulez faire plus tard pour aider les plus démunis que vous?

6 Useful words
Mots utiles

A Vocabulaire général
A General vocabulary

Les salutations
Greetings

Bonjour (Monsieur/Madame/Messieurs-dames)	Good morning/Hello (Sir/Madam) (*e.g. in a shop*)
Bonsoir	Good evening
Au revoir	Goodbye
Bonne nuit	Good night
Salut! (*fam*)	Hi!/Bye!
Ciao!/Tchao! (*fam*)	Bye!
Bonne journée!	Have a good day!
Bon(ne) après-midi!	Have a good afternoon!
Bonne soirée!	Have a good evening!
Bonne semaine!	Have a good week!
Bon weekend!	Have a good weekend!
Bonnes vacances!	Enjoy your holiday!
À tout à l'heure/À tout de suite!	See you later!/See you in a bit!
À plus tard!/À plus! (*fam*)	See you later!/See you!
À bientôt./À la prochaine. (*fam*)	See you soon.
À demain./À lundi.	See you tomorrow./See you on Monday.
À la semaine prochaine.	See you next week.
Comment vas-tu/allez-vous?	How are you?
(Comment) ça va?	How are you doing?
Ça va! Et toi?/Et vous?	I am fine! What about you?
Ça va (assez/très) bien.	I'm doing (fairly/very) well.
Ça ne va pas (très) bien.	I'm not doing too great.
Pas trop mal.	Not too bad.
Ça ne va pas du tout.	I'm not well at all.
Quoi de neuf?	What's new?
Rien de spécial./Pas grand-chose.	Nothing special./Not much.
s'il te plait/s'il vous plait	please
merci (beaucoup)	thank you (very much)
Je te/vous remercie.	Thank you.
Je t'en prie./Je vous en prie.	You're welcome.
De rien./Il n'y a pas de quoi.	Don't mention it.
désolé(e)	sorry
(Je vous demande) pardon.	Excuse me./I beg your pardon.
Excuse-moi./Excusez-moi.	Excuse me.
Pardon, monsieur/madame, …	Excuse me, please, …

Les chiffres et les nombres
Figures and numbers

0 = zéro	zero
1 = un/(le) premier/(la) première	one/(the) first
2 = deux/(le/la) deuxième	two/(the) second
3 = trois/(le/la) troisième	three/(the) third
4 = quatre/(le/la) quatrième	four/(the) fourth
5 = cinq/(le/la) cinquième	five/(the) fifth

6A Useful words

6 = six/(le/la) sixième	six/(the) sixth
7 = sept/(le/la) septième	seven/(the) seventh
8 = huit/(le/la) huitième	eight/(the) eighth
9 = neuf/(le/la) neuvième	nine/(the) ninth
10 = dix/(le/la) dixième	ten/(the) tenth
11 = onze	eleven
12 = douze	twelve
13 = treize	thirteen
14 = quatorze	fourteen
15 = quinze	fifteen
16 = seize	sixteen
17 = dix-sept	seventeen
18 = dix-huit	eighteen
19 = dix-neuf	nineteen
20 = vingt, 21 = vingt-et-un, 22 = vingt-deux	twenty, twenty-one, twenty-two
30 = trente	thirty
40 = quarante	forty
50 = cinquante	fifty
60 = soixante	sixty
70 = soixante-dix, 71 = soixante-et-onze, 72 soixante-douze	seventy, seventy-one, seventy-two
70 = septante *(en Suisse, en Belgique)*	
80 = quatre-vingts, 81 = quatre-vingt-un	eighty, eighty-one
80 = octante *(en Suisse, en Belgique)*	
90 = quatre-vingt-dix, 91 = quatre-vingt-onze	ninety, ninety-one
90 = nonante *(en Suisse, en Belgique)*	
100 = cent, 200 = deux-cents	a hundred, two hundred
1000 = mille, 2000 = deux mille, 10 000 = dix mille	a thousand, two thousand, ten thousand
un million, un milliard	one million, one billion
une dizaine/une douzaine/une trentaine	about ten/a dozen/about thirty
environ soixante-dix	roughly 70
une centaine/un millier	about 100/about 1,000
100% = cent pour cent	100 per cent
10,5 = dix virgule cinq	10.5 = 10 point 5
1/4 = le/un quart	a quarter
1/3 = le/un tiers	a third
1/2 = la/une moitié	a half

Les expressions de quantité — Expressions of quantity

un peu de	a few *or* a little *or* a bit
beaucoup de	a lot of
pas mal de *(fam)*	quite a few
plein de *(fam)*	lots of
un bon/grand nombre de	a good/large number of
la plupart de	most of
une partie de	some of
la majorité de	the majority of
la minorité de	the minority of
un pourcentage de	a percentage of
10% (dix pour cent) de	10 per cent of
plus de/moins de	more/less *or* fewer
(pas) assez de	(not) enough of
trop de	too much/too many

une quantité de	a lot of
tant de	so much/so many
autant de	as much/as many
environ/à peu près	around/about
un litre de/un demi-litre de	a litre of/half a litre of
un gramme de	a gram of
un kilo de	a kilo of
une livre de	a pound of
une bouteille de	a bottle of
un carton de	a carton/box of
une boite de	a can/tin/box of
un paquet de	a packet of
un sac de	a bag of
un pot de/un bocal de	a jar of
un tube de	a tube of
une tasse de	a cup of
un verre de	a glass of
une tranche de	a slice of
une part de/un morceau de	a slice of/a piece of
une pincée de	a pinch of

Les expressions de temps / Expressions of time

Les jours de la semaine / Days of the week

lundi/le lundi	Monday/on Mondays
mardi/tous les mardis	Tuesday/every Tuesday
mercredi/chaque mercredi	Wednesday/each Wednesday
jeudi/un jeudi sur deux	Thursday/every second Thursday (or every other Thursday)
vendredi/un vendredi par mois	Friday/one Friday a month
samedi/un samedi par an	Saturday/one Saturday a year
dimanche/pas le dimanche	Sunday/not on Sundays
du lundi au vendredi	from Monday to Friday
sauf dimanches et jours de fête	except Sundays and public holidays
un jour sur deux	every other day
la semaine prochaine/dernière	next/last week

Les mois de l'année / Months of the year

(au mois de/en) janvier	(in/in the month of) January
février	February
mars	March
avril	April
mai	May
juin	June
juillet	July
aout	August
septembre	September
octobre	October
novembre	November
décembre	December
début janvier/mi-mars/fin mai	the beginning of January/mid-March/the end of May

6A Useful words

Les quatre saisons	The four seasons
le printemps/au printemps	the spring/in the spring
l'été/en été	the summer/in the summer
l'automne/en automne	the autumn *or* fall/in the autumn *or* fall
l'hiver/en hiver	the winter/in the winter

La date	The date
Quelle est la date?/On est quel jour?	What is the date?/What day is it?
C'est/On est le 1er janvier./On est mardi 3 mai.	It's the 1st of January./It's Tuesday the 3rd of May.
Le 10 juin, c'est un lundi.	June 10th is a Monday.
aujourd'hui	today
demain/après-demain	tomorrow/the day after tomorrow
demain matin/midi/après-midi/soir	tomorrow morning/lunchtime/afternoon/evening
hier/avant-hier	yesterday/the day before yesterday
hier matin/midi/après-midi/soir	yesterday morning/at noon/afternoon/evening

L'heure	The time
Quelle heure est-il?/Il est quelle heure? Il est …	What time is it?/What's the time? It is …
une heure/deux heures/midi/minuit	one o'clock/two o'clock/midday/midnight
(une heure) cinq/dix/vingt/vingt-cinq/ moins vingt-cinq/moins vingt/moins dix/moins cinq	five past/ten past/twenty past/twenty-five past/ twenty-five to/twenty to/ten to/five to (one)
(deux heures) et quart/et demie/moins le quart	quarter past/half past/quarter to (two)
treize heures/quatorze heures/zéro heure	1pm *or* 13.00/2pm *or* 14.00/midnight
(trois heures) dix/quinze/vingt/vingt-cinq/trente/ trente-cinq/quarante/cinquante	(three) ten/fifteen/twenty/twenty-five/thirty/ thirty-five/forty/fifty
à 10 heures (pile)	at 10 o'clock (on the dot)
dans dix minutes/deux heures	in ten minutes/in two hours

Les expressions temporelles	Time phrases
avant	before
après	after
pendant	during/for (*for duration in the present and past*)
pour	during/for (*for duration in the future*)
vers	at about
depuis (que)	since/for
jusqu'à	until
le matin	(in) the morning
le midi	(at) lunchtime
l'après-midi	(in) the afternoon
le soir	(in) the evening
(pendant) la journée/la nuit	(during) the day/the night
(pendant) la semaine/le weekend	(during) the week/(at) the weekend
il y a deux jours/une semaine/deux mois/trois ans	two days ago/a week ago/two months ago/ three years ago
quinze jours	a fortnight *or* two weeks
pendant un mois	for a month (*referring to the present or past*)
pour un mois	for a month (*referring to the future*)
dans deux jours	in two days/in two days' time

La fréquence	Frequency
d'habitude/habituellement/normalement	usually/normally
généralement/en général	generally
régulièrement/fréquemment	regularly/frequently
souvent/le plus souvent possible	often/as often as possible
toujours/tout le temps	always/all the time
tous les jours/tous les matins/tous les weekends	every day/every morning/every weekend

tous les deux jours/tous les deux mois/tous les deux ans	every two days/every two months/every two years
de temps en temps/quelquefois/parfois/occasionnellement	from time to time/sometimes/at times/occasionally
rarement	rarely
(presque) jamais	(almost) never
une fois par jour/semaine/mois	once a day/week/month
plusieurs fois par mois	several times a month

La chronologie / Sequence

d'abord	first
en premier/premièrement/pour commencer	first/firstly/to start with
puis/ensuite	then
avant (ça)/après (ça)	before (that)/after (that)
avant de + *infinitif*	before + …ing
après avoir/après (s')être + *participe passé*	after + …ing/having (done something)
enfin/finalement/pour finir	finally/in the end
en fin de compte/au bout du compte	in the end

L'intensité / Intensity

un (tout petit) peu	a (very little) bit
pas mal	quite
assez	quite/fairly
plutôt	rather
légèrement/à peine	slightly/barely
beaucoup	a lot
très	very
vraiment/réellement/véritablement	really/truly
franchement	frankly
particulièrement	particularly
surtout	especially
tellement/tant/si	so (much)
énormément	enormously/immensely
extrêmement	extremely
totalement	totally
complètement	completely
absolument	absolutely
(beaucoup) trop	(far) too (much)
de plus en plus (de)	more and more
de moins en moins (de)	less and less
le plus	the most
le moins	the least
presque	almost/nearly
peu	little
pas du tout	not at all

Les gens et les lieux / People and places

Les pays / Countries

un pays francophone	a French-speaking country
en/de la + *pays féminin* France/Belgique/Tunisie/Algérie/Côte d'Ivoire	in *or* to/from France/Belgium/Algeria/Ivory Coast
au/du + *pays masculin* Luxembourg/Canada/Québec/Maroc/Sénégal/Vanuatu	in *or* to/from Luxembourg/Canada/Quebec/Morocco/Senegal/Vanuatu

aux/des + *pays au pluriel*	in *or* to/from the United States/Netherlands/Seychelles/United Arab Emirates
États-Unis/Pays-Bas/Seychelles/Émirats Arabes Unis	
en Haïti, à l'île Maurice/à Madagascar/à Monaco	in *or* to Haïti, Mauritius/Madagascar/Monaco

Les continents	Continents
l'Afrique	Africa
l'Amérique du Nord/du Sud	North/South America
l'Antarctique	Antarctica
l'Asie	Asia
l'Europe	Europe
l'Océanie	Oceania

Les points cardinaux	The points of the compass
dans le nord/au nord (de …)	in the north/to the north (of …)
dans l'est/à l'est (de …)	in the east/to the east (of …)
dans le sud/au sud (de …)	in the south/to the south (of …)
dans l'ouest/à l'ouest (de …)	in the west/to the west (of …)

Indiquer le lieu	To indicate a place
dans	in
devant/derrière	in front (of)/behind
sur/sous	on top (of)/under
au-dessus (de)/au-dessous (de)	above/below
en haut (de)/en bas (de)	at the top (of)/at the bottom (of)
à gauche (de)/à droite (de)	on the left (of)/on the right (of)
à l'intérieur/à l'extérieur (de)	inside/outside
au bord (de)	at the edge (of)
à côté (de)	next to
en face (de)	opposite/in front (of)
au coin (de)	at the corner (of)
près (de)/loin (de)	near/far (from)
au milieu (de)	in the middle (of)
au centre (de)	at the centre (of)
autour (de)	around
au pied (de)	at the foot (of)
entre	between
parmi	among
contre	against
chez	at someone's house/place
ici/là/là-bas	here/there/over there
par ici/par là/par là-bas	around here/this way/that way
près d'ici/loin d'ici	near here/far from here
dedans/dehors	inside/outside
ailleurs	elsewhere
n'importe où	anywhere
partout	everywhere
quelque part/nulle part	somewhere/nowhere

Couleurs, motifs, formes, matières
Colours, patterns, shapes, materials

C'est de quelle couleur?	What colour is it?
argenté(e)	silver
beige	beige
blanc(he)	white
bleu(e) (ciel/marine)	(sky/navy) blue
bordeaux *(invariable)*	burgundy/maroon

doré(e)	gold(en)
gris(e)	grey
jaune (citron)	(lemon) yellow
marron *(invariable)*	brown
violet(te)	purple
noir(e)	black
orange *(invariable)*	orange
rose (vif/pâle)	(bright/pale) pink
rouge	red
turquoise *(invariable)*	turquoise
vert(e)	green
clair/foncé	light/dark
multicolore	multicoloured
des drapeaux bleu blanc rouge	blue, white and red flags
des films noir et blanc	black and white films
Les motifs	**Patterns**
uni(e)	plain
à rayures/rayé(e)	striped
à pois	dotted *or* spotty
à carreaux	checked
à fleurs	flowery
Ça a quelle forme?	**What shape is it?**
un carré/c'est carré	a square/it's square
un rectangle/c'est rectangulaire	a rectangle/it's rectangular
un triangle/c'est triangulaire	a triangle/it's triangular
un cercle/c'est rond/circulaire	a circle/it's round/circular
un ovale/c'est ovale	a oval/it's oval
C'est fait en quoi?	**What is it made of?**
en bois	wood *or* wooden
en plastique	plastic
en métal/en fer	metal
en or	gold
en argent	silver
en pierre	stone
en béton	concrete
en papier	paper
en carton	cardboard
en verre	glass
en tissu	fabric
en laine	wool *or* woollen
en coton	cotton
en soie	silk
en lin	linen
en cuir	leather
en velours	velvet
en nylon/en lycra	nylon/lycra
Les parties du corps	**Parts of the body**
la tête	head
les cheveux *(mpl)*	hair
le front	forehead
l'œil *(m)*/les yeux *(mpl)*	eye(s)

6A Useful words

le nez	nose
la joue	cheek
la bouche	mouth
la lèvre	lip
la langue	tongue
la dent	tooth
l'oreille (f)	ear
le menton	chin
le cou	neck
la gorge	throat
le torse	torso
le dos	back
l'épaule (f)	shoulder
le bras	arm
le coude	elbow
le poignet	wrist
la main	hand
le doigt/le pouce	finger/thumb
l'ongle (m)	nail
la poitrine	chest *or* breast
le ventre	stomach *or* belly
la jambe	leg
la cuisse	thigh
le mollet	calf
le genou	knee
la cheville	ankle
le pied	foot
le talon	heel
l'orteil/le doigt de pied	toe
les organes (vitaux)	(vital) organs
le cerveau	brain
le cœur	heart
les poumons (mpl)	lungs
les reins (mpl)	kidneys
le foie	liver
l'estomac (m)	stomach
les intestins (mpl)	guts
les muscles (mpl)	muscles
le sang	blood
la peau	skin

Expressions idiomatiques — Idiomatic phrases

avec le verbe *aller* — with the verb *aller*

Allez-y!/Vas-y!	Go on!
On y va!/Allons-y!	Let's go!
Ça va?	How are you?
Je vais bien./Ça va bien.	I'm well.
Ce pull te va bien.	That jumper (*or* sweater) suits you.

avec le verbe *avoir* — with the verb *avoir*

avoir xx ans	to be xx years old
avoir faim/soif/sommeil	to be hungry/thirsty/sleepy
avoir froid/chaud	to be cold/hot

avoir le mal de mer/le mal du pays	to feel seasick/homesick
avoir horreur de + *nom/infinitif*	to hate
avoir hâte de + *infinitif*	to look forward to (doing something)
avoir mal (au/à la/à l'/aux + *partie du corps*)	(*body part*) hurts
avoir du mal (à + *infinitif*)	to struggle (to)
avoir tort/raison	to be wrong/right
avoir peur (de)	to be scared/afraid (of)
avoir de la chance	to be lucky
avoir une panne d'essence/de moteur	to run out of petrol *or* gas/to have engine failure
avoir l'air + *adjectif*/avoir l'air de + *infinitif/nom*	to look (like)/to seem
avoir besoin de + *infinitif*	to need to (do something)
avoir envie de + *nom/infinitif*	to feel like (having something/doing something)
avoir l'occasion de + *infinitif*	to have the opportunity to
avoir l'habitude de + *infinitif*	to be used to doing something
avoir l'intention de + *infinitif*	to intend to
avoir lieu	to take place
avec le verbe *donner*	**with the verb *donner***
donner sur	to look out over/onto
étant donné (que)	given (that)
se donner rendez-vous	to arrange to meet
avec le verbe *être*	**with the verb *être***
être en train de + *infinitif*	to be (in the middle of) doing something
Ça m'est égal	I don't mind/it's all the same to me
C'est ça!	That's right!/Exactly!
Ça y est!	That's it!/That's done!
… n'est-ce pas?	… isn't that so?
C'est à moi	It's my turn/It's mine
Il était une fois	Once upon a time
nous sommes/on est le + *date*	today is + *date*
nous sommes six	there are six of us
avec le verbe *faire*	**with the verb *faire***
faire nuit/jour	to be night time/daytime
faire partie de	to be a part of
faire confiance à quelqu'un/Je ne lui fais pas confiance.	to trust someone/I don't trust him/her.
faire plaisir à quelqu'un/Ça me fait plaisir.	to please someone/Glad to hear (*or* see, do, etc) that.
faire attention (à)	to pay attention (to)/to watch out (for)
faire peur (à)	to scare/frighten
faire 1,6 mètres/faire 65 kilos	to measure 1.6 m/to weigh 65 kg
faire une promenade (en voiture)	to take a walk/to go for a drive
faire des économies	to save money
faire la bise	to greet someone with a kiss
faire la connaissance de quelqu'un	to meet someone (for the first time)
faire mal à	to hurt
Ça ne fait rien!	Never mind!/It doesn't matter!
Il n'y a rien à faire.	There's nothing we can do.
Ça fait dix jours que …	It's been ten days since …

6A Useful words

avec le verbe *mettre*	with the verb *mettre*
mettre la télé/la radio/la lumière	to switch on the TV/the radio/the light
mettre la table/le couvert	to lay *or* set the table
mettre à jour	to update
mettre des heures à faire quelque chose	to spend hours doing something
se mettre en colère	to get angry
se mettre au travail	to start working
se mettre à (faire quelque chose)	to start (doing something)

avec le verbe *passer*	with the verb *passer*
passer du temps	to spend time
Le temps passe vite!	Time flies!
passer un bon moment	to have a good time
passer la matinée/la journée/la soirée	to spend the morning/the day/the evening
passer à la TV/à la radio/dans les journaux	to be on the TV/on the radio/in the newspapers
passer un examen	to take/sit a test (*not: to pass!*)
Qu'est-ce qui se passe?/s'est passé?	What is happening?/happened?
Tout se passe bien/s'est bien passé.	Everything is going well/went well.

avec le verbe *rendre*	with the verb *rendre*
rendre + *adjectif*/Ça me rend fou/folle!	to make + *adjective*/It makes me crazy!
rendre service à quelqu'un	to help someone/to do someone a favour
rendre visite à quelqu'un	to visit someone
se rendre à	to go to

avec ça	with ça
(Comment) ça va?	How are you?
Ça marche.	Okay/It works/Got it.
Ça me plaît (bien)/Ça ne me plaît pas du tout.	I like it/I don't like it at all.
Ça m'a (beaucoup) plu/Ça ne m'a pas plu du tout.	I liked it (a lot)/I didn't like it at all.
Ça me manque.	I miss it.
Ça me dit bien./Ça ne me dit rien.	I quite fancy it/It doesn't appeal to me.
Ça m'embête/m'agace/m'énerve.	That annoys me/is irritating me/gets on my nerves.

6 Useful words
Mots utiles

B Pour l'examen

a Pour l'examen oral – Le jeu de rôle

Comprendre les instructions

On va commencer. Vous êtes prêt(e)?	We're going to start. Are you ready?
Saluez le serveur/la serveuse, l'employé(e), le vendeur/la vendeuse, l'agent(e) de police), le/la réceptionniste, etc.	Greet the waiter/waitress, the employee, the sales assistant, the police officer, the receptionist, etc.
Présentez-vous	Introduce yourself
Dites (ce que vous …)	Say (what you …)
Dites quand/comment/où/pourquoi …	Say when/how/where/why …
Vous êtes content(e)/déçu(e). Que dites-vous?	You are happy/disappointed. What do you say?
Demandez	Ask (for)
Demandez s'il y a	Ask if there is/are
Expliquez (que/pourquoi)	Explain (that/why)
Répétez	Repeat
Écoutez	Listen to
Commandez	Order
Choisissez	Choose
Décrivez	Describe
Proposez (de payer)	Offer (to pay)
Suggérez	Suggest
Mentionnez	Mention
Précisez	Clarify
Présentez vos excuses/Excusez-vous	Apologize
Remerciez	Thank
Posez une question	Ask a question
Répondez (de façon appropriée)	Answer (in a suitable manner)
Terminez la conversation	End the conversation

Les mots interrogatifs / **Question words**

est-ce que …	do/does/is/are/has/have …?
qu'est-ce que …/qu'est-ce qui …	what …
qu'est-ce que + *verbe* + comme + *nom*	what sort of …
quoi	what
qui (est-ce qui)/qui (est-ce que)	who
à qui/avec qui/pour qui (est-ce que)	to whom/with whom/for whom
quand (est-ce que)	when
depuis quand/depuis combien de temps (est-ce que)	since when/for how long
où/d'où (est-ce que)	where/from where
comment (est-ce que)	how
pourquoi (est-ce que)/pour quelle(s) raison(s)	why
combien de + *nom* (est-ce que)	how much/how many
combien de fois	how many times/how often
pendant/depuis combien de temps	for how long
depuis quand	since when

6B Useful words

à quelle heure	at what time
à quel âge	at what age
quel/quelle/quels/quelles + *nom*	which
quel genre de/quelle sorte de/quel type de	what type of/what sort of/what type of
lequel/laquelle/lesquels/lesquelles	which one(s)
Y a-t-il …?/Est-ce qu'il y a …?/Il y a …?	Is there …? *or* Are there …?

Comprendre les questions / Understanding the questions

Vous désirez?	What would you like?
Je peux vous aider?	Can I help you?
Qu'est-ce que vous prenez?	What will you have?
Qu'est-ce que vous voulez …?	What would you like …?
Préférez-vous …?	Do you prefer …?
Et avec ça?	Anything else?
Ce sera tout?	Will that be all?
Pouvez-vous décrire …?	Can you describe …?

Prendre la parole / Speaking

Bonjour monsieur/madame.	Hello sir/madam.
Salut Nicolas/Julie!	Hi Nicolas/Julie!
Pardon/Excusez-moi	Sorry/Excuse me
Je suis désolé(e), mais …	I'm sorry, but …
Je voudrais/j'aimerais …	I'd like …
J'ai oublié …	I've forgotten …
J'ai perdu …	I've lost …
Je me suis perdu(e).	I got lost.
Je cherche …	I'm looking for …
Donnez-moi … s'il vous plait.	Give me …, please.
J'en veux/prends (deux), s'il vous plait.	I want/I'll take (two) of them, please.
Merci (beaucoup/infiniment).	Thanks (a lot)/Thank you (so much).
Je te/vous remercie.	Thank you.
Au revoir (monsieur/madame).	Goodbye (sir/madam).
Bonne journée/Bonne soirée.	Have a nice day/good evening.
À bientôt!	See you soon!

Posez des questions / Asking questions

Est-ce que je peux …/je dois …?	Can I …?/Must I …?
Est-ce qu'il y a un/une/des …?	Is there a …?/Are there any …?
Est-ce que c'est possible de + *infinitif*?	Is it possible to …?
Où se trouve(nt) le/la/les …?	Where is/are …?
Savez-vous où/quand/comment/si …?	Do you know where/when/how/if …?
Pouvez-vous me dire où/quand/à quelle heure/s'il y a un/une/des …?	Can you tell me where/when/at what time/if there is/are any …?
Avez-vous un/une/des …?	Do you have a/any …?
C'est/Ça coute combien?	How much is it/does it cost?

Vocabulaire utile pour le jeu de rôle / Useful vocabulary for the roleplay

À l'hôtel — **At a hotel**

une réservation	a booking
une chambre simple/double/avec deux lits	a single/double bedroom/with two single beds
avec douche/salle de bains/vue/un balcon	with a shower/a bathroom/a view/a balcony
pour une/deux nuit(s)	for one/two night(s)
le petit déjeuner compris/en supplément	breakfast included/extra
un parking/une piscine	a car park/a swimming pool

La douche/La télé/la clima(tisation) ne marche pas/est en panne/est cassée.	The shower/The television/The air conditioning doesn't work/has broken down/is broken.	
Il n'y a pas de serviettes/d'eau chaude.	There are no towels/There is no hot water.	
La chambre est sale/trop bruyante.	The bedroom is dirty/too noisy.	
Au restaurant	At the restaurant	Voir 2 B
une table pour x personne(s)	a table for x person(s)/people	
à l'intérieur/à l'extérieur/en terrasse	inside/outside/on the terrace	
un menu/le plat du jour	a menu/the dish of the day	
comme entrée/dessert	as a starter/dessert	
le prix	the price	
l'addition	the bill *or* the check	
payer/régler par carte/en espèces	to pay/settle the bill by card/in cash	
À la gare (routière)	At the (bus) station	Voir 3 A
un billet	a ticket	
un aller simple/un aller-retour	a one-way ticket/a return ticket *or* a round trip	
pour une personne	for one person	
pour aujourd'hui/demain	for today/tomorrow	
les horaires/l'heure de départ/d'arrivée/de retour	a timetable *or* schedule/departure/arrival/return time	
le quai	the platform	
la voie	the track	
le train a du retard/est retardé/est annulé	the train is late/is delayed/is cancelled	
À l'office de tourisme	At the tourist office	
un renseignement/des informations	information	
les horaires d'ouverture	opening times	
une excursion/une visite guidée	an excursion/a guided tour	
un dépliant/une brochure/un plan	a leaflet/a brochure/a map	
Au cinéma/théâtre/concert	At the cinema/theatre/concert	
une place	a ticket *or* a seat	
la séance de xx heures	the screening at xx o'clock	
une réservation (en ligne)	a reservation (online)	
une réduction/un tarif réduit	a discount/a reduced rate	
Dans un magasin de vêtements/chaussures	In a clothes/shoe shop	Voir 3 C
acheter	to buy	
essayer	to try on	
la cabine d'essayage	the fitting/dressing room	
échanger	to exchange	
rembourser	to refund	
commander	to order	
la taille/la pointure	the size/the shoe size	
trop petit/trop grand/trop cher	too small/too big/too expensive	
Chez le médecin	At the doctor's	Voir 2 C
J'ai mal à/à la/au/aux …	My … hurt(s)	
Je me suis fait mal à …	I hurt my …	
J'ai envie de (vomir/dormir)	I feel (sick/sleepy)	
une ordonnance/un médicament/un cachet	a prescription/medecine/a pill	

6B Useful words

b Pour l'examen oral – La conversation | b For the oral exam – The conversation

Comprendre les questions/instructions | **Understanding the questions/instructions**

Parle-moi de …	Tell me about …
Peux-tu me parler de/décrire …?	Can you speak about/describe …?
Raconte …/Décris …	Tell us about …/Describe …
Penses-tu que …?	Do you think that …?
Que penses-tu de …?	What do you think about …?
Préfères-tu …?	Do you prefer …?
Selon toi, …/À ton avis, …?	In your opinion, …?

Donner son opinion | **Giving your opinion**

Moi, je …/Personnellement, …	Personally, …
À mon avis, …/Selon moi, …/D'après moi, …	In my opinion, …
Je trouve que …	I find that …
Je pense que …	I think that …
Je crois que …	I believe that …
Je ne pense pas que …/Je ne crois pas que … + *subjonctif*	I don't think/believe that …
Je dois dire que …/Je dirais que + *indicatif*	I must say that/I would say that …
Je considère que + *indicatif*	I consider that …
Ce que j'aime/je n'aime pas, c'est …	What I like/dislike is …
Ce que je préfère, c'est …	What I prefer is …
Ce qui me plaît/me déplaît, c'est …	What I like/dislike is …

Un problème de communication? | **A communication problem?**

Excusez-moi, je ne comprends pas.	Sorry, I don't understand.
Je n'ai pas entendu ce que vous avez dit.	I didn't hear what you said.
Je n'ai pas bien compris la question.	I didn't really understand the question.
Vous pouvez répéter (plus lentement), s'il vous plaît?	Could you repeat (more slowly), please?
Je ne sais pas.	I don't know.
Comment dit-on « xx » en français?	How do you say "xx" in French?
Que signifie/Que veut dire « xx » en français?	What does "xx" mean in French?

c Pour l'examen écrit | c For the written exam

Un email/une lettre/un article | **An email/a letter/an article**

Cher …/Chère …	Dear …
Bonjour!/Salut! (*fam*)/Coucou! (*fam*)	Hello! Hi!
Réponds/Répondez-moi vite	Looking forward to hearing from you
À bientôt!/À plus! (*fam*)/À très vite! (*fam*)	See you soon!
Amicalement/Amitiés	Best wishes
Bises/Bisous	Kisses

Une lettre officielle/un email officiel | **An official letter/an official email**

Monsieur, Madame	Dear Sir, Dear Madam
Cordialement	Yours sincerely

Un blog | **A blog**

Chers lecteurs/Chères lectrices/Chers abonnés	Dear readers/Dear subscribers
Bienvenue sur mon blog	Welcome to my blog
À demain!/À la prochaine fois!	See you tomorrow!/See you next time!

Les connecteurs logiques	Connectors
Donner la chronologie	**Sequencing**
(tout) d'abord	first (of all)
pour commencer	to start with
premièrement/deuxièmement	first/secondly
ensuite/puis	then
après (ça)	after (that)
en plus/de plus	moreover *or* what's more *or* besides
aussi	also
pour finir/finalement/enfin	to finish with/finally/in the end
Donner un exemple	**To give an example**
(comme) par exemple	(like) for example
tel(le) que	such as
en effet	indeed
notamment	notably
surtout	especially *or* above all
en particulier	in particular
Contraster/donner un contre-exemple, une alternative	**To contrast/to give a counter-example, an alternative**
(mais) par contre	but/on the other hand
au contraire	on the contrary
cependant	however
pourtant	yet/though
heureusement/malheureusement	fortunately/unfortunately
même si + *indicatif*	even if/even though
bien que + *subjonctif*	although
d'un côté …, d'un autre côté	on one hand …, on the other hand
d'une part …, d'autre part	on one hand …, on the other hand
non seulement …, mais aussi	not only …, but also
au lieu de/à la place de	instead of
ceci dit	this being said/having said that
quoiqu'il en soit	in any case
malgré	despite/in spite of
Exprimer une cause	**To express a reason**
parce que + *sujet* + *verbe*	because
à cause de + *nom (négatif)*	because of (*negative*)
grâce à + *nom (positif)*	because of *or* thanks to (*positive*)
car	because/as
puisque	since/because
étant donné (que)	given (that)
vu (que)	as/seeing as
du fait que	owing to/due to the fact that
Comme (*toujours en début de phrase*)	As (*always at the start of a sentence*)
C'est pour cette raison que …	It is for this reason that …

6B Useful words

Exprimer une conséquence	To express a consequence
alors	so/therefore
donc	then/therefore
par conséquent	consequently
ainsi	thus
en effet	as a matter of fact
Exprimer un but	To express a goal
pour + *infinitif*	(in order) to
dans le but de + *infinitif*	so that, with the aim of
de façon à + *infinitif*	so that, so as to
afin de + *infinitif*	so that, in order to
pour que + *subjonctif*	so that/in order to
afin que + *subjonctif*	so that
Exprimer une restriction	To express a restriction
sauf	except
seulement	only
à l'exception de	except
ne + *verbe* + que	only + *verb*
Dire ce que pense quelqu'un	To say what someone thinks
selon X	according to X
d'après X	according to X
pour citer X	to quote X
X pense que …	X thinks that …
Certains pensent que …	Some people think that …

Notes

Mots/expressions/phrases en français	Translation

Mots/expressions/phrases en français	Translation

Mots/expressions/phrases en français	Translation

www.ingramcontent.com/pod-product-compliance
Lightning Source LLC
Chambersburg PA
CBHW041243240426
43670CB00024B/2969